乡村康养产业
运营一本通

XIANGCUN KANGYANG CHANYE
YUNYING YIBENTONG

陈　盛◎主编

甘肃科学技术出版社

图书在版编目（CIP）数据

乡村康养产业运营一本通 / 陈盛主编. -- 兰州：甘肃科学技术出版社，2021.12

ISBN 978-7-5424-2921-6

Ⅰ. ①乡… Ⅱ. ①陈… Ⅲ. ①农村－养老－服务业－经营管理－中国 Ⅳ. ①F726.99

中国版本图书馆 CIP 数据核字（2021）第 266305 号

乡村康养产业运营一本通

陈　盛　主　编

项目策划　杨丽丽

项目团队　星图说

责任编辑　马婧怡

封面设计　陈妮娜

出　版　甘肃科学技术出版社

社　址　兰州市城关区曹家巷 1 号　730030

网　址　www.gskejipress.com

电　话　0931−2131576（编辑部）　0931−8773237（发行部）

发　行　甘肃科学技术出版社　　印　刷　北京毅峰迅捷印刷有限公司

开　本　880mm × 1230 mm　1/32　　印　张　9　字　数　195 千

版　次　2022 年 6 月第 1 版

印　次　2022 年 6 月第 1 次印刷

印　数　1~10 000

书　号　ISBN 978−7−5424−2921−6　　定　价　23.90 元

图书若有破损、缺页可随时与本社联系：0931−8773237

目录
Contents

第一章

依托“美丽乡村”发展乡村养老产业

第一节 中国老龄化现状与养老政策

所谓"人口老龄化"，指的是人口年龄结构的老龄化，也就是老年人口在总人口中的比例慢慢地增加的过程。可是，判断某个国家是不是已经步入老龄化社会，到现在为止，全球还没有一个统一的标准。其主要原因有两个：第一，随着人类社会的不断进步，人口的平均寿命也在持续地提高；第二，因为经济与社会发展水平的不同，地理位置、风俗习惯以及劳动就业制度等差异，国家之间人口的平均寿命与就业者的退休年龄也存在着非常大的差异。然而，为了更方便地对问题进行研究，不管是人口学家，还是普通的研究者，在划分一个国家人口类型时还是存在着既定的标准的，比如，年龄在60岁以上的人口占总人口的比重是不是比10%大，或者年龄在65岁以上的人口占总人口的比重是不是比 7% 大。以这两个标准作为参考，并且对中国人口普查数据进行比对，结果显示，从 1999 年开始，中国年龄在 60 岁以上的人口占总人口的比重已经高于 10% 了，所以，中国早已步入了老龄化社会。

表 1–1　60 岁以上老年人口数量比重趋势

内容＼年份	2005	2006	2007	2008	2009	2010	2011
老年人数（万人）	14 509	14 901	15 340	15 989	16 711	17 765	18 499
比重（%）	11.1	11.3	11.6	12.0	12.5	13.3	13.7
抚养比（%）	10.69	10.93	11.17	11.33	11.60	11.90	12.25

注：抚养比为 65 岁以上人口数与 15~64 岁人口总数之比。

一、中国人口老龄化现状

1. 老年人口数量大

中国不但是全球人口数量最多的国家，而且也是老年人口数量最多的国家。按照 2010 年第六次全国人口普查结果显示，中国年龄在 60 岁以上老年人口总数已经高达 1.77 亿，占总人口比重的 13.26%，是老龄人口名列世界第二的印度的 2 倍，是老龄人口名列世界第三的美国的 2.5

倍。专家预测，到2050年，中国年龄在60岁以上的老年人口数量将会增长到4.3亿以上，在全球老年人口总数中占22.3%，在亚洲老年人口总数中占35%，比发达国家与地区的老年人口总和还要多得多。

2. 人口老龄化增长速度快

根据相关资料显示，中国人口老龄化每年以3%的速度递增，远远快于人口增长率1.68%，不仅比欧美许多国家高得多，同时也比日本快一些。按照美国人口普查局的统计与预测，年龄在65岁以上老龄人口的比重从7%提高到14%所用的时间，法国为115年，瑞典为85年，美国为68年，英国为45年，而中国仅仅需要27年左右。

3. 老年人口高龄化趋势明显

人口学认为，年龄在60~69岁的属于低龄老年人口，年龄在70~79岁的属于中龄老年人口，年龄在80岁以上的属于高龄老年人口。中国年龄不低于80岁的高龄老年人口每年以5.4%的速度在增长，预计到2040年将增长到7400多万人。高龄人口失去配偶与患上疾病的概率十分高，并且高龄女性比高龄男性多，高龄老人生活自理能力普遍较差。

4. 经济发展水平比较低，人口"未富先老"

相较于发达国家，中国步入老龄化社会的时候，经济发展水平不但相当低，而且在收入方面还存在着极其大的差距。随着城市化与工业化的发展，发达国家人口老龄化呈现出渐进的发展趋势，当发达国家的 65 岁以上老龄人口发展到 7%的时候，人均国内生产总值通常高于 1 万美元，而中国步入老龄化国家的时候，人均国内生产总值只有 800 美元，发达国家属于“先富后老”，而中国则属于“未富先老”，人口老龄化对经济造成了巨大的压力。

5. 地区间老龄化程度存在着较大的差异

因为中国拥有着十分辽阔的地域，相较于国外，中国人口的迁徙率是相当低的，地区之间的人口分布也是十分不平衡的，老龄化程度也存在着极大的差异。在中国东部经济比较发达的地区以及大中型城市，人口早已步入了老龄化阶段，而在中国中西部地区，人口老龄化的程度比东部地区低得多。另外，乡村老龄人口要比城镇高得多，在老龄人口中，乡村约占 70%，而美国、英国、法国、日本以及德国等都低于 25%。

二、人口老龄化造成的社会问题

1. 人口老龄化将致使劳动力年龄结构老化

随着社会经济的不断发展，计划生育政策的持续落实，人们在生育观念上发生了很大的改变，人口出生率与自然增长率慢慢地降低了。与此同时，随着人口老龄化的不断发展，适龄劳动人口数量显著下降，这势必会导致劳动力的年龄结构老化，将会在一定程度上影响社会与经济的各领域。

2. 产业不得不向国外进行转移

随着中国东部沿海地区那些一天天富裕起来的城市工人变得愈来愈少，劳动力变得愈发昂贵，中国将会遭遇一天比一天大的经济压力，最后在不得已的情况下，只能将装配工业与其他劳动密集型的制造业转移出去。

3. 人口老龄化将加重社会的负担，导致社会保障问题频发

随着中国人口老龄化的不断发展，不仅退休费以及各类补贴费用将大大增长，而且社会保障与福利费用也会大大增长，尽管城镇职工社会保障基本框架已经初步形成，但依旧经受着人口老龄化的考验。

与此同时，乡村老年人口在全国老年人口中占据了很大的比例，并且在经济上属于最弱势群体之一，严重地缺乏基本的社会保障，比如，缺乏养老、医疗等服务，经常发生“因病致贫”或者“因病返贫”等问题，社会保障情况急切地需要进行改善。

破解农村养老难题——陕西农村居民养老情况调研报告

国际上通常把60岁以上的人口占总人口比例达到10%，或65岁以上人口占总人口的比重达到7%作为国家和地区进入老龄化的标准。第七次全国人口普查数据显示，我国60岁及以上人口的比重达到18.7%，其中65岁及以上人口比重达到13.5%，我国已经步入老龄化社会。

为全面了解陕西省农村老龄化发展情况，摸清农村居民养老现状，陕西省统计局开展了农村居民养老基本情况调研走访工作，调研覆盖了陕西省102个农村县（市、区），166所养老机构（包含养老院和敬老院）、939名老人。

一、在养老机构生活的老人，基本情况如何？

1. 性别比例失衡，年龄分布基本均衡。参与调研的男性老人有648名，女性仅有291人。年龄分布方面，60~69岁和80~89岁各有250人，70~79岁有301人，这三个年龄段合计占比85.3%，是养老机构中的主要年龄分布人群。

2. 文化程度普遍偏低，健康状况良好。小学及以下文化水平的老人有351人，占37.4%；不识字的有325人，占比34.6%。健康状况方面，一般健康和很健康的老人共有527人，占到56.1%，完全需要别人照顾的失能老人仅有48人。

3. 单身老人居多，无子女情况居多。单身状态（丧偶及未婚）的老人共有751人，占比达75.2%。无子女的老人有451人，占比48.0%。

4. 收入水平较低，来源单一。月收入千元以下水平的老人有607人，占比64.6%。从收入来源来看，选择低保、五保作为主要收入来源人数最多，共有450名老人，占比47.9%。

5. 日常开支主要用于养老，多数没有财产储备。日常开支最主要用于缴纳养老院费用的老人最多，有398名，占比43.4%；用于文化娱乐和养老理财的人数最少，分别仅有8人和6人。调研还发现，大部分老人没有属于自己的财产，少数的财产也都是现金存放和子女代管。

二、入住养老机构的主要原因？

无人照顾是入住养老机构的主要原因。从选择入住养老机构的原因来看，最主要的原因是没有家人照顾（含孤寡），共有626人老人，占比66.7%；其次是认为养老机构清静自由，自己愿意来住，有214人；此外还有因为身体原因，想减轻子女负担的老人共有202人。

三、养老机构设施情况如何？

1. 医疗基础设备基本齐全。从配备的医疗设备数量来看，提供最多的是血压计，其次是体温计和血糖仪，心电监护仪等设备较少。

2. 公共基础设施相对完善。在养老机构提供的公共基础设施方面，主要是以健身器材、绿化设施、文化广场等为主。

3. 棋牌活动是主流，健康讲座频率高。在精神文化活动中，棋牌活动是养老机构的首选，有771名老人选择，占82.1%。健康讲座举办频率高，选择半年内有1~2次的老人最多，有476人，占50.7%。

四、老人在养老机构的生活现状如何?

1. 养老机构平均费用较低。每月花费千元以内的有533名老人，占56.8%；1000~2000元的有225人，2000~3000元的有136人，3000元以上仅有44人。

2. 电话沟通和上门探望是看望老人的主要方式。通过调研老人与子女间的联系途径，电话联系、子女亲自看望是主要方式，分别有387人和298人，分别占41.2%和31.7%。

3. 九成老人认为机构养老更适合自己。90.8%的老人选择机构养老更适合自己，选择家庭养老和社区养老的合计占比不足10%。

4. 改善软硬件设施，提升住宿餐饮水平期待最多。对养老机构未来发展的期望或建议中，有一半左右的老人期待改善软硬件设施，特别是提升住宿餐饮水平。

五、调研中发现的问题

一是农村养老机构类型单一，民营机构亟待发展。目前陕西省农村养老机构总量不足，结构失衡，多元化服务尚未形成。公立福利性质的敬老院数量虽多，但只能基本满足保障"三无"老人的生活，对于一些对晚年生活质量有要求的老年人，几乎没有相对应民营养老机构与之匹配。

二是公办敬老院的建设标准低，运营状况艰难。农村公办的敬老院建设标准化程度相对较低，在床位规模、使用空间、设施配备和人员雇佣上还处于较低水平。特别是运营资金方面，配套落实方面滞缓，社会捐助渠道狭窄，力量薄弱，市场运行机制未广泛形成，基本处于勉强维持运营的现状。

三是农村养老专业服务人才队伍匮乏。陕西省农村养老机构中服务的工作人员多数年龄在50岁以上，普遍存在人员偏少、年龄偏大、文化程度偏低、专业技能缺乏和责任感不强等问题。他们无法满足高龄、失能或半失能老人较高的服务需求，更难以满足老年人深层次的精神文化需求。

四是医养结合能力较弱，数字化信息化服务水平很低。多数养老机构没有内设医疗机构，老人看病治疗十分困难。同时，陕西省农村养老机构还存在数字化管理手段不足、监管手段不精准等问题，在处理老人的服务需求时候，无法准确、高效地提供对应的服务。

六、做好新时代农村老龄工作的建议

一是坚持政府兜底与社会参与的发展形式。在发展养老服务事业的过程中，要以政府参与为主导作用，将相关经费纳入到各级财政预算并实现逐年增长，扩大福利性质的敬老院规模和数量，提升软硬件水平。在有条件的地区，以政府资金为激励和引导，鼓励社会资本有序进入养老服务体系，满足农村居民多样化的养老需求。

二是大力培育专业人才和志愿者队伍。随着老年人口数量的持续增长，对专业型、技能型、创新型老年照护人才需求迫切。加大护理技能、沟通技巧、养生知识等专业系统化培训，并对大量的志愿者队伍开展技能培训，不断提升养老服务能力。

三是坚持智慧养老的发展模式。在未来的养老模式中，数字化、信息化的智慧养老是主流趋势。智慧养老依托“互联网+”、大数据、物联网、云计算、人工智能等数字化新兴科技，搭建由大数据中心、服务中心、监管评估中心等构成的养老数字化平台系统，借助数字化手段构建养老运营和服务体系。

四是坚持医养结合的发展方向。农村的医疗诊治资源比城镇弱很多，但是养老场所却很充足。在未来发展养老服务的过程中，应该坚持扬长避短，补齐农村养老的短板，始终坚持坚持医疗诊治与养老服务有机结合的发展方向，确保农村居民老有所养，病有所医。

五是广泛动员社会参与。注重发挥工会、共青团、妇联、残联等群团组织和老年人相关社会组织、机关企事业单位的作用，鼓励支持社会力量参与到农村养老服务中来。

4. 人口老龄化将致使家庭结构与规模发生改变，容易造成老龄伦理问题

随着中国老年人口数量的不断增长，空巢老人与独生子女的人数都在持续增加，家庭规模朝着小型化方向发展，两代户变成了主体，传统家庭养老遭遇了严峻的挑战，传统的孝道、赡养等观念一天比一天淡化，家庭提供最基本的生活保障给老人的传统持续地被削弱，得到儿女经济支持的老人的比例在减少；在精神方面的慰藉更是严重缺乏，甚至会发生对老人进行虐待，对老人的房产、财产进行侵权与霸占的现象，进而在很大程度上冲击着老人的身心健康。社会应该对那些孤单的老人由于没有人照顾

造成早亡等现象予以关注，传统的养老观念与方式应当向社会养老进行转变，而现在社会养老与社区服务还都十分不足。

三、导致中国人口老龄化的原因

中国之所以会形成人口老龄化问题，并不是单一原因造成的，而是由多方面因素一起作用导致的。

1. 低生育水平加快了人口老龄化进程的速度

自从中国正式实施计划生育政策以来，中国的总和生育率快速地降低，在促使中国人口总量增长压力得到缓解的同时，也加快了中国人口老龄化进程的速度。人口学上一般认为，一个国家为了促使代际人口平衡得以实现，总和生育率通常应当保持在 2.1 的水平，但是从第六次全国人口的普查结果来看，中国的总和生育率已经低于 1.5 了。而低水平的生育率加快了中国人口老龄化进程的速度，使人口老龄化提前降临。

2. 人口预期寿命的延长增大了人口老龄化程度

随着社会经济的飞速发展，人们的生活水平得到了持续提高，医疗卫生事业也取得了巨大的进步，这些就使得中国人口平均预期寿命得到了极大的延长。中华人民共和国刚成立的时候，中国人口平均预期寿命只有35岁，到了改革开放初期，中国人口平均预期寿命延长为68岁，到2010年，中国人口平均预期寿命延长为74岁，而这将进一步加重人口老龄化程度。

3. 城镇化水平的提高间接加速了人口老龄化

在中国，城乡之间人口平均预期寿命、生育意愿、生育政策以及生育率水平都有着非常大的差距，所以，随着城镇化水平的不断提高，中国人口生育意愿以及生育率水平都在慢慢地降低，人口平均预期寿命获得了延长，进而加速了人口结构的变化以及老龄化的进度。

四、国家养老政策

面对如此严峻的人口老龄化现状，国家出台了一系列相关的法规政策，极力对养老服务业的发展进行支持与鼓励。各地区政府也在不断地颁布一些新的养老政策，对养老体制机制进行创新，对社会养老服务体系进行完善，对养老服务发展环境进行改善，因而养老服务业进入了快速发展阶段。在这种情况下，国务院对外发布了《“十三五”国家老龄事业发展和养老体系建设规划》，让我们清楚地看见了中国老龄事业发展与养老体系建设的光明前景。

1. 政府加强托底保障，加大对基层养老服务设施、乡镇敬老院、市县福利机构建设投入力度，优先兜底保障经济困难的高龄失能失智老人的基本养老服务需要，尽快建立长期照护服务体系。并通过长期照护保险制度的设置，建立起风险分担和防范机制，提升老人和养老机构应对和抵御风险的能力。政府制定完善长照补贴政策，引入第三方制订长照对象评估标准、并对政策执行效果进行监督。

2. 简化登记审批程序，降低社会力量创办养老机构门槛，落实税费减免、金融扶持等优惠政策，调动社会力量参与养老服务的积极性。完善政府购买服务制度，对民办养老机构进行建设、运营、培训补贴。大力推进运营体制改革，鼓励公办与民办、机构与社区合作，推进公办民营、民办公助等多种方式发展，盘活闲置养老资源，最大限度发挥机构社会效益。

3. 积极回应社会养老需求，将社区居家养老作为主要发展方向。按就近方便、小型多样、功能配套要求，加强社区日间照料中心、老年人活动中心建设，加大医疗护理、康复辅具、文体娱乐、衣食餐饮等设施配套力度，为社区居家养老创造必要条件。支持乡镇五保供养机构改善设施，增强护理功能；依托农村社区服务站（点），建设日间照料机构、托老所、老年活动站。充分发挥城乡社区老年协会作用，鼓励和引导低龄老年人为高龄老年人提供家庭互助服务。

4. 坚持供给需求协同推进，培育养老市场，丰富养老服务产品，促进老年群体消费，实现供需两端有效衔接。加快医养结合发展，统筹医疗卫生与养老服务资源布局，支持机构融合型、社区嵌入型、居家监护型等多种方式发展，满足老人在养老过程中的医疗保健、康复护理需求。加强养老服务信息平台建设，促进养老信息和资源互联互通，为居家老年人提供个性化定制服务。同时大力发展心理疏导、金融理财、法律咨询、生活援助、社会参与等专业化精神慰藉服务。加强老年优待保障力度，建立高龄护理补贴制度，逐步提高补贴标准，让老人择优选择服务。

5. 将养老服务人才队伍建设与促进城市就业、农村脱贫工作相结合，开展常态化的养老护理人员在职专业培训，全面实现持证上岗制度，鼓励大中专院校及技工学校毕业生、城镇就业困难人员和农村劳动力从事养老服务业。建立培训补贴和岗位补贴制度，依法落实各项工资福利、社会保险待遇。

6. 加强养老服务业标准化建设，逐步制定完善机构建设、管理服务、安全生产、绩效评估标准体系，运用行业准入、生产许可、合格评定、监督抽查等手段，提高养老服务业水平。加强市场监管，完善产权制度，放开定价机制，促进要素市场公平竞争，实现优化重组，提高养老服务产品质量。加强养老服务基础数据统计，建立不同年龄段的老龄人口基本信息数据库，为政府管理决策、政策研究、公众信息查询提供支持。

第二节 养老产业的发展模式

所谓“产业”，指的是由利益相互联系的各相关行业构成的、具备不同分工的业态的总称。虽然它们的企业模式、经营主体、生产方式以及流通环节存在着差异，可是，它们的经营对象以及经营范围都是围绕着共同产品而开展的，而且能够在组成业态的各行业内部将各自的循环完成。

按照产业的定义，我们不难发现，养老产业是完全围绕养老的内容展开的，由分工不同、利益相关的将养老作为最终价值实现的各个相关行业所构成的具体产业。以日本养老产业专家鞠川阳子关于养老产业的三维产业链理论作为参考，养老产业可以如图 1–1 所示进行细分。

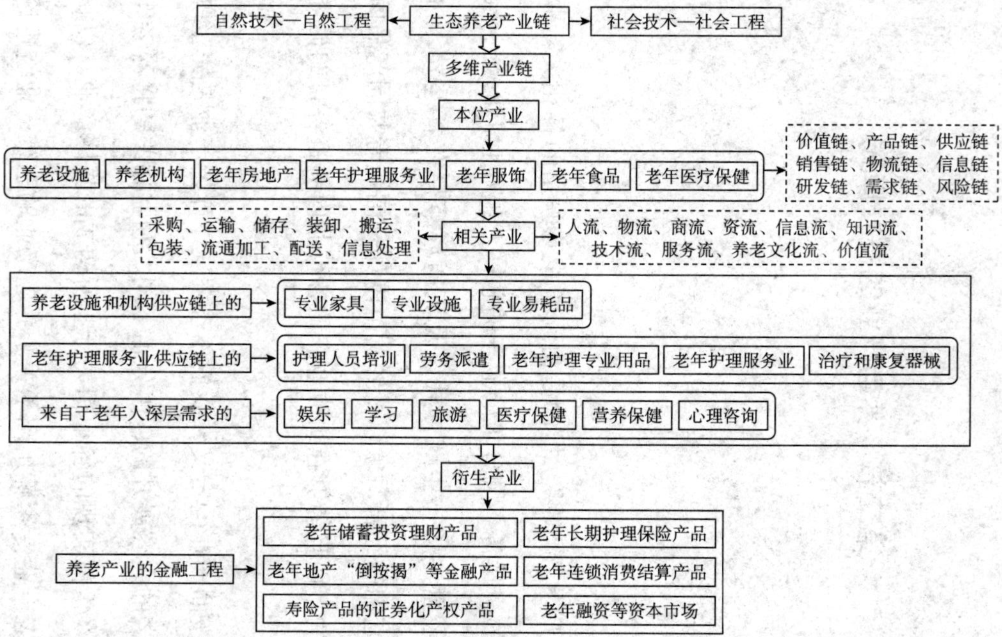

图 1-1 养老产业系统工程图

养老产业的体系是极其庞大而复杂的：不仅包括可以对巨大劳动力进行吸收的第三产业，而且还包括需要高新科技进行支持的新兴产业。本位产业、衍生产业以及相关产业相互之间存在着一定的联系，彼此的发展在很大程度上促进并带动着其他两个产业的发展。

养老产业属于一个相当庞杂的产业体系，涉及第一、二、三产业，其发展对于顺利地解决养老及其相关的社会问题，把劣势转化成优势、把负担转化成资源，推动经济的发展，增加就业岗位等都有非常大的帮助。

中国的养老产业发展起步比较晚，使得中国养老产业不仅要与其他发展的比较好的企业进行激烈竞争，而且也天生被资金供应与技术所限制，但是产业经济的顺利发展以及科学管理的经验也为养老产业健康而迅速的发展提供了宝贵的经验。这些珍贵的经验已经形成不少成熟理论，为中国养老产业的发展提供了有利的参考。这些产业发展方式以及产业管理模式均能对养老产业的发展进行指导，比如，物流供应链管理、物流经济学以及集聚经济学等。

一、基于区域主义与区域化的养老产业经济发展含义及其模式

（一）处于政府垄断下的公共选择模式

政府大肆地包揽，甚至政府导向式发展，大多都是以区域主义实践的经济发展方式作为基础的，是“从上到下”的动力发挥。与此同时，对于经济整合的成果也具有预期，政府、政府资助的团队、国有企业等是其主要的行为者，通过持续性地商量、协议，将合作的方向与共识制定出来，甚至将常态性的沟通平台建立起来，期盼着通过这样的方式，对区域间的市场力量进行活化，或者采用政策性的诱因促使区域间的经济活动活络起来（见图 1–2）。这类政府间的推动，表现出从上到下的经济整合轨迹，所以属于区域主义式的区域经济整合模式。

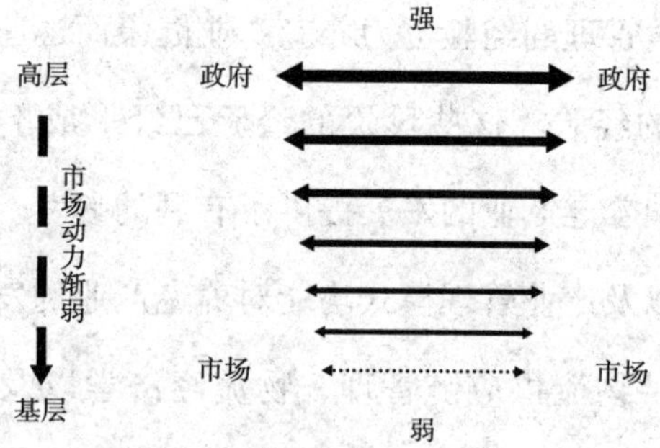

图 1–2　区域主义：从上到下的动力
（政府是主导力量）

（二）产业组织市场化运营的集体行动模式

区域化是源自"从下到上"的动力，指的是两个或者两个以上区域间自发性的互动力量，私人企业、民间社团组织以及个人等是其行为者。基于市场的诱因所进行的经济活动，比如，投资或者贸易等，这些经济活动并非政府的安排或者规划，可是却能够引发政府足够的重视，推动政府也作区域间的协商与合作。所以，在对经济进行整合的过程中，充分地体现出了市场的拉动力，是一种从下到上的轨迹，表现出区域化的经济整合模式（见图 1–3）。

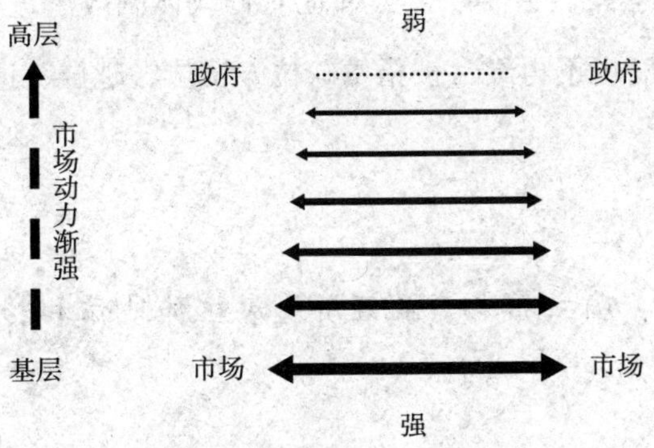

图 1–3　区域化：从下到上的动力
（市场是主导力量）

区域化和区域的社会整合的增加有着十分积极的驱动作用，尤其是对特定区域内自发性的经济过程给予足够的重视，可以带来层次更高的经济互相依赖，而不是这一区域和国内外别的地区的互动关系被锁定。

经济区域化至关重要的动力源于市场、投资流、私人贸易以及产业组织的政策和决定。企业与公司内贸易的增多，公司间策略联盟的网络化、区际合作合并得到的递增收益以及产业集聚和集群等尤为重要。在区域内与区域间，物流、资金流、商流以及信息流等会创建经济更深入整合的里程碑。这类区域化过程也会促使区域主义的策略在政府的大力支持下，通过府际与区际专业分工，形成私人企业与区域商业网络的庞杂的市场机制，政府也可以摆脱事务主义，不需要再大肆地对行政体制改革进行谈论，而且政府也不再经常被指责缺位、错位、越位、过位或者失位。

二、确立养老产业经济发展主体地位和转换区域化发展模式

区域化更便于发挥养老产业经济发展的比较优势，通过循环经济、生态经济的产业集聚与集群，政府只要将管理与服务工作做好，提供各种类型的优惠支持，比如，市场、社会网络以及生态移民会增加互动，彼此接

触会促使府际、区际之间的相互联系，从而创建出一个区域统一的大市场。这个统一大市场不仅成功地跨越了行政区边界，而且还促使养老产业经济协同、协作以及合作发展得以实现。

这个统一大市场的核心在于养老产业链、价值链在区域经济发展当中辐射带动的作用发挥：要么是生态养老经济走廊，要么是经济的“金三角”，要么是特色乡村旅游带，要么是绿色工业走廊，要么是休闲旅游度假、养生养老胜地，要么是有机食品加工区，要么是全球独一无二的自然风景区，要么是面向国内外、与工业中心相连的网络密度增加，具备辐射带动功能的区域中心中等城市。

对于主要以区域主义观念为主的养老产业经济发展模式，究竟采取什么样的方式会更好一些呢？真的应该极端地选择其中一种吗？少数主体功能区部分采用区域主义，剩下的通过区域化发展，将市场权力、权利还给社会与私人投资者，让市场去解决由于市场原因而造成的养老机构匮乏的问题。这与自然逻辑以及国家观念是相符的。为何市场会致使养老机构出现严重缺乏的问题呢？因为倘若市场的主人与发言人是私人投资者，那么私人投资者就会在市场上出售自己生产的规模化并且具备竞争力的产品，也可以按照自身的需求而将他人在市场上出售的商品购买下来，这样一来，养老机构与养老产业组织就会变得丰富多彩，分布在适于养老的各个区域，经济就能够发展起来，居民就能够顺利地就业，新的居民集聚地以及新的城镇就能够顺势出现。

不过，这并不是对政府的力量进行否认，反而要有意识地增强政府作为发展工作者与协助者的力量，仅仅是要求政府与市场主体维持同伴、平等的市场力量关系，而不是主动与被动、管制与被管制的主从关系，转变以前缺少激励机制的“要我干”，使之变成“我要干”的方式。

三、养老产业协同式供应链管理

所谓“供应链管理”，指的是在促使一定的客户服务水平得以满足的基础上，为了使整个供应链系统成本达到最小化，而有效地将制造商、供应商、配送中心、仓库以及渠道商等组织起来所作的产品制造、转运、分销以及销售的管理方法。供应链管理属于一种聚合而成的管理思想与方法，严格地贯彻实施供应链中从供应商到最终用户的物流的计划与控制等职能。

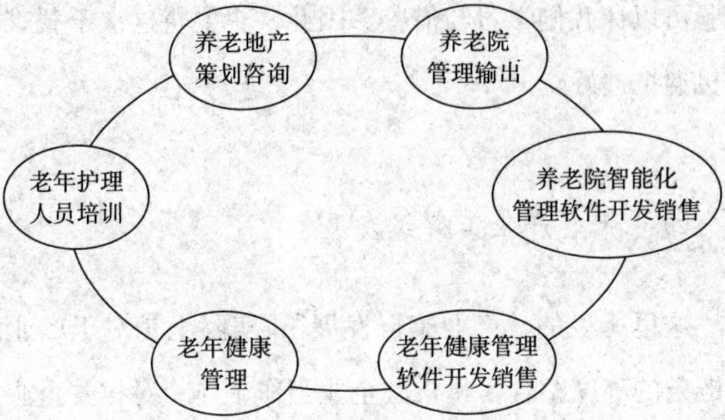

图 1–4　养老企业协同式供应链管理

中国的养老产业需要协同式供应链管理，在发展中国养老企业的过程中，必须解决投入资金的约束、资源禀赋的限制、企业竞争力的提高、有效的成本控制以及高效的企业管理等问题。而供应链管理具有这方面的优势，可以有效地将这些问题解决。养老产业协同供应链管理，很好地对养老企业和客户之间养老产品和服务的互动进行了改善，促使产品的库存与服务的等待成本大幅度降低，促使资金周转速度以及顾客的满意程度得到了很大的提高。这种发展对于中国刚刚处于起步阶段的养老企业是相当重要的，不但从起初就可以形成和其他相关企业的良好互动，而且还可以生成企业管理的好传统。这也是中国养老产业与养老企业发展所具备的优势，因为有不少成功的案例与经验可以让我们学习与借鉴。因此，更要将这次千载难逢的机遇把握好。

四、养老产业集群式发展

这里所说的“产业集群发展”，实际上是对于产业内部链条的高度整合，将核心企业当作主体，对相关企业关系进行调整与优化，促使整个产业链条动作达到一致，促使产业链的运作效率得以提高，从而促使企业得到迅速的发展。产业集群式发展具备诸多优势，比如，可持续发展、规模效益、降低创新成本以及有效发掘产业价值等。

养老产业集群发展，是将某养老企业作为中心，有效地把与之有关系的企业整合在一定区域范围内的协同发展。养老产业的集群发展能够以地方资源禀赋的特色区域作为依据自行建设，也能够通过引入核心企业进行带动。养老产业集群发展能够放大养老企业的优势，将更多集群内所包括的经济价值找出来，从而形成规模效应与品牌优势。

五、个人在养老产业经济发展过程中的社会权利

不管是政府主导型发展模式，还是企业主导型发展模

式，抑或是社区主导型发展模式，都应当将公民应该享有的养老权利与产业组织投资回报的权利作为基础。以权利作为基础的发展框架，紧密地联系起了权利与发展这两个因素。权利为发展的基础；而发展是进一步实现权利的途径。把权利、发展、权利拥有者以及责任承担者综合在一起，就形成了以权利作为基础的发展途径的基本框架。其中，责任承担者为政府，其应当履行的义务为对公民养老的权利予以尊重、保护、促进与实现，尤其是给那些还不能够享受与表达社会、经济、政治以及文化权利的公民阶层赋予权力，使之可以表达与享受他们应当享有的权利。与此同时，公民也应该积极地对自己的权利进行关注、表达与要求，不可以一味地等待、守候。

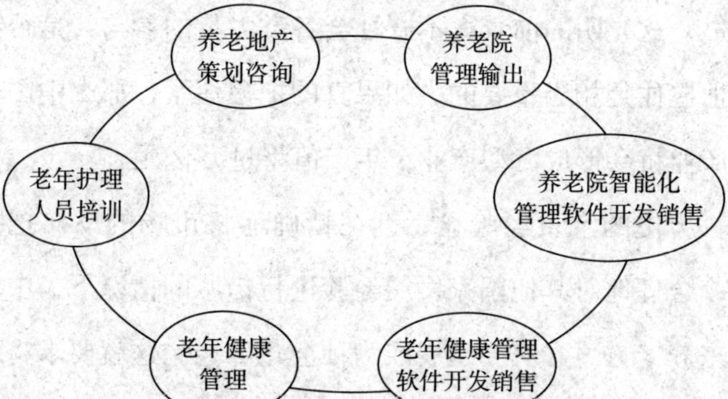

图 1–5　公民养老权利、生计、发展框架图

第三节　乡村养老产业发展的战略机遇

中国的老龄化速度在全球名列前茅，这样一个持续增长的老年群体肯定会为养老产业的可持续发展提供相当大的消费人群。经济的飞速发展，老年人口的快速增长，消费需求的持续增温，使得养老产业拥有十分光明的前景。不过，这光明的前景离不开社会各类力量的参与，是否能够把握住是相当重要的。如果真的把握住了，那么中国养老产业将会形成巨型产业，年产值将过万亿元。

历史的宝贵经验显示，在精确地将市场的动向把握住，合理地对其他国家发展经验进行借鉴的情况下，中国未来养老方式必然会发展成为社会化养老，这就要求将政府与个人作用的市场同时发挥出来。不管是谁，只要能将这份社会责任担起来，那么谁就会成为养老产业的龙头、养老产业商海当中的佼佼者。

从上述分析不难看出，中国养老产业的发展是社会与市场共同作用的结果。养老产业不仅可以将社会上出现的养老问题解决，而且还能够推动经济进行一次全新的转型发展。

从中国老龄化现状及其发展的趋势来看，养老社会工作，不仅是服务，而且也是社会责任，同时还是养老产业经济集群式发展的良好契机。

一、开发养老产业——人口老龄化形势下的现实选择与未来可持续健康发展

（一）人口老龄化形势下的现实选择

过去5年来，中国养老机构建设迎来快速增长。民政部统计数据显示，截至2017年9月，中国养老机构总数超过14.46万家，相比于2012年底的4.43万家增长率达226%。2016年中国各类养老床位合计730.2万张，比上年增长8.6%（每千名老年人拥有养老床位31.6张，比上年增长4.3%），其中社区留宿和日间照料床位322.9万张，其中，床位数是老年人口总数的3%左右，还处于较低水平，有着非常大的缺口需要进行填补。作为一个比较特殊的群体，老年人因为其生理与心理等方面的特殊性，所以，不

管是在物质生活方面，还是在精神生活方面，均有其自身需求与消费的特征。在中国人口老龄化发展过程中，随着老年人口的不断增多以及中国经济水平与人们生活质量的不断提升，其对于老年消费市场与产业结构会产生越来越大的刺激与影响。而如此庞大的群体，单纯地凭借政府的力量是不可能长久地维持下去的。所以，从人口老龄化的实际上要求来看，由老年消费需求增多来带动与开发相关养老产业，包括老年人的衣、食、住、行、购、游、医、保、娱以及护等方面，这就需要社会与民间资本的积极参与。

（二）养老产业未来的可持续健康发展

1. 消费潜力是巨大的

根据权威数据显示，中国老年人群有着超过 1 万亿元的巨大内在消费需求，这为养老产业的发展提供了极为广阔的消费市场。政府及相关专家作出了这样的预计：到 2030 年，中国的老年人口将会突破 3 亿人。而且老年群体的消费是相对稳定的，并且随着生活水平的不断提升，其消费也会随之持续地扩大，这就使得养老产业有了可持续发展的空间。

2. 国家的极力支持

国家相继发布了《中国老龄事业发展“十五”计划纲要（2001—2005）》《中国老龄事业发展“十一五”规划》

《中国老龄事业发展“十二五”规划》以及《中国老龄事业的发展》白皮书，推出了很多发展老龄事业的重要政策与措施。特别是《中国老龄事业发展“十二五”规划》中非常明确地提出了这样的指导思想：“建立健全老龄战略规划体系、社会养老保障体系、老年健康支持体系、老龄服务体系、老年宜居环境体系和老年群众工作体系，服务经济社会改革发展大局，努力实现老有所养、老有所医、老有所教、老有所学、老有所为、老有所乐的工作目标，让广大老年人共享改革发展成果。”

3. 社会化养老是大势所趋

伴随着中国人均国内生产总值的增长以及人们生活方式的改变，社会化养老是大势所趋。以国外养老历史的变迁作为参考以及对中国大中型城市居民的调查显示，现在，接受社会化养老的人越来越多了，加之中国独生子女家庭、再婚家庭以及空巢老人等的养老问题，都将促使中国传统的家庭养老观念发生改变。

二、开发养老产业的综合价值及其“经济波及效应”

在世界上，中国所拥有的老年消费群体是最大的，这是一个持续膨胀、具有非常大的开发潜力的市场，可以很好地促进内需的扩大，覆盖养老产业的方方面面，也覆盖第一、二、三产业，可以创造更多的就业机会，从而对经济快速、稳定、可持续发展起到刺激的作用。与此同时，中国的养老产业还属于新兴产业，也是学术界全新的科研领域，所以，对养老产业进行开发，具有科学研究、经济以及社会等综合价值。对养老产业进行开发，可以促使老年人的生活质量得到较大地改善，促使规划中所说的“老有所养、老有所医、老有所教、老有所学、老有所为、老有所乐”得以实现。

与此同时，养老产业属于一个相当庞大的产业体系，涉及了诸多行业，比如，养老服务就包括老年用品、食品、旅游、教育、文化、保健、保险等行业，可以很好地促进中国新兴产业的发展；而且养老产业属于现代化的服务产业，涉及最多的就是第三产业，对于中国开发人力资源，增加就业有着相当重要的意义，专家预计在未来几年各种类型的养老机构需要服务人员应该在 300 万以上。养老产业属于一个综合化产业，集现代化制造业、现代化农业以及现代化服务业于一体，不仅在很大程度上推动着中国其他几大产业的发展，而且养老产业内涵巨大的经济价值，其波及效应是十分明显的。2017 年，中国养老产业的规模已经超过3万亿元，这对于中国内需的拉动以及国际金融危机的解除有着极其重要的意义。站在长远的角度来看，推动中国第三产业，尤其是老年服务业现代化，将对中国"绿色GDP"的增长有很大的帮助，有助于再次创造中国经济发展的"新黄金时期"。

三、养老服务的社会责任和养老产业经济集群式开发的时机

（一）养老服务的社会责任

现在，中国老年人的养老服务除了家庭责任之外，其主要承担者为政府。所以，以老年人作为对象的公共服务事业，属于非营利性的。随着中国老年人口的快速增长，中国早已进入了人口老龄化社会。现阶段，中国养老服务面临着更加复杂的形势，其服务工作面临更加艰巨的挑战。可以说，人口老龄化已经变成了中国遇到的最为重要的一大民生问题。

尽管老年人的养老保险与医疗保险几乎已经实现了全覆盖的目标，可是其整体水平并不是很高，而且各个地区之间存在着很大的差异。以家庭作为基础、机构作为支撑、社区作为依托的社会养老服务体系已经基本上形成了，然

而，不管是机构数量，还是床位数量，抑或是收养老年人数量都还是太少了，没有办法有效地将全体老年人的养老服务问题解决。而随着社会的发展，人们生活方式的改变，居家养老，大部分儿女不是没时间、没精力，就是没有能力。所以，就形成了这种局面：公立养老服务资源严重不足，床位十分紧缺；民办养老机构要么规范化程度不高、条件比较差，要么费用太昂贵，居民没有能力进行承担；居家没有人予以照顾。

无论如何，我们一定要清楚地认识到养老服务最终仍然需要在社会中进行解决，单纯地凭借家庭与政府是不够的，这也是与全球养老服务发展的规律不相符的。养老服务需要整个社会各方力量的积极参与。对于家庭与政府养老来说，养老产业的开发和可持续发展是十分有利的社会补充。养老产业发展的前提为必须要对最基本的社会责任进行承担，在将养老服务的社会问题解决的同时，有效地推动养老产业顺利而健康的发展。

（二）养老产业经济集群式开发的时机

所谓“经济集群式开发”，实际上指的是以特殊的资源禀赋作为基础，根据信息流、物流以及技术支撑等关联关系进行企业集聚，一起发展，企业集群发展的经济效益比单个企业经济效益总和还要大得多的聚合效应。中国养老产业正处于起步阶段，这种企业集聚发展效应是非常不错的，能够有效地促使许多养老产业发展先天不足的问题得到缓解。

中国老年人口的迅速增加，促使老年消费需求和养老产业市场有效供应之间的供求矛盾一天比一天突出。一个产业的形成与消费市场最终价值的实现有着密不可分的关系。在已经有了相当大的老年消费市场的前提下，开发新兴的养老产业，代表着要投入大量的资本、土地、技术以及人力等各类资源。在这样的情况下，怎样充分地对有限的资源进行利用，从而创造更大的经济价值是非常值得深入思考的。在前面“发展养老产业的波及效应”当中，我们已经说到过养老产业属于一个综合产业体系，其内部又包括不少存在着内在联系的小型产业体系，比如，养老服务业包含着老年生活照顾、护理人员培训以及家政服务等可以为养老社区提供人力支持；制造业包含着老年人的日常用品、生活辅具、健身器材、保健品、文化用品以及康复起居等可以为养老社区提供一整套的技术支持。与此同时，养老社区可以为养老护理人员培训提供专门的场地与实训中心。养老产业内部行业之间存在着如此密切的联系，为中国高效地对有限资源进行利用提供了良好的时机，那便是养老产业的经济集群式开发。

这里所说的“养老产业集群开发”，就是把养老产业内部有联系的行业聚合起来，有效地进行组织与开发，这不仅可以促使资源的浪费得以减少，而且也具有非常显著的规模效应，促使成本降低，形成区域品牌，从而促使在市场当中的竞争力得以增强。养老产业集群还可以对企业的创新起到良好的促进作用，对企业的优势进行整合，将潜在的价值挖掘出来，而且还能够快速地促使老年人的消费需求得以满足，顺利地将供求之间的矛盾予以解决。

第四节 现行养老体制存在的问题与改善空间的商机

只要有问题的存在，那么就意味着有改善空间的存在。据权威专家的研究显示，现在推行的养老体制有着养老保障制度“碎片化”、医疗保障体制不够健全、养老设施总量供小于求、养老服务队伍的职业化建设落后、养老产业发展落后、老年事业体制机制不够顺畅以及居家养老服务存在缺陷等诸多问题，与此同时，养老体制机制改善过程中也存在着诸多商机。

一、现行养老机制存在的问题

（一）养老保障制度“碎片化”

中国农村仍然主要是靠着传统土地养老功能，在新型农村社会养老保险（简称“新农保”）颁布之前，仅仅存在针对城镇企业职工与某些失地农民的养老保险。直至2009年，中国才开始在某些地区推行新农保试点，并且慢慢地在全国探索与推广，2011年又推出了城镇居民社会养老保险的试点工作。尽管三大保险基本将城镇乡村的不同老年群体都覆盖了，可是因为实施的时间还比较短，特别是“新农保”与“城居保”。每年，三大养老保险的转换与续接难问题都会引起社会关注，未来还有很多地方需要进行改善。

1. 统筹层次比较低

现在尚未创建国家层面的统筹局面，绝大多数依旧是市县级统筹，唯有个别省份创建了省级统筹，养老保障制度不仅“适用性”很差，而且其“便携性”也很差。关于养老保险的制度政策、改革方案以及基金的调剂等问题均取决于地方政府，而各个地区在具体的政策方面，比如，缴费、待遇标准等，存在着极大的差别。沿海地区的经济比较发达，养老金积累已经高达几百亿元，而在某些经济不发达的贫困地区却是收远远地低于支，很难在全国范围内对养老基金进行调剂，导致劳动力跨区域流动也有着多种困难。所以，养老保险续接与转移困难等问题才会出现。

2. 养老保险收支严重不平衡

随着人口老龄化高峰期的到来，养老保险的支付压力一天比一天大。老年抚养比持续升高，代际间财富转移更为显著。2017年全国养老保险基金征缴收入为3.27万亿元，基金支出为2.86万亿元，盈余4187亿元。虽然养老保险基金有盈余，但是我们应当注意到这些数字背后所隐藏的问题，那便是个人账户的空账运转，因为历史欠账等多种原因，1997年养老制度改革前参与工作的"中人"与已经从工作岗位退下来的"老人"，需要依靠改革之后的"新人"所缴纳的费用进行供养，这就导致了个人账户空转。根据相关统计显示，养老保险个人账户空账在4万亿元以上。更有相关报告显示，倘若不作任何变革，中国养老金的统筹账户在人口老龄化的冲击下将会给财政带来相当大的负担，从2017年开始，养老金需要的财政补贴将不断地升高，预计到2050年，养老金缺口将会在当年财政支出中占据20%以上的比例。

3. 养老保险基金保值增值能力比较低

企业体与职工个人上缴的基本养老保险费以及国家拿出的财政补贴转入社会保险管理机构在银行设立的养老保险基金专户；个人储蓄性养老保险费与企业补充养老保险费，转入社会保险管理机构在银行设立的补充养老保险基金专户，实施专项储存，专款专用。根据中国人民银行规定的同期城乡居民储蓄利率对存进银行的基金进行计息，获得的利息分别并入基本养老保险基金、个人储蓄性养老保险基金以及补充养老保险基金。对于每年滚存结余的养老保险基金，各级社会保险管理机构在确保各种离退休费用正常开支 6 个月的需求，并且在留下充足的必要周转金的前提下，遵从安全有效的原则，可以使用一些结余进行基金增值。基金增值得到的纯收益不需要计算税费，所有基金增值部分应当都转进基金中，不允许挪作他用。基金可以采用买国库券及国家银行推行的债券与委托国家银行、国家信托投资公司放款的方式来保值、增值。这种方式使得中国养老保险基金结余的保值增值无法跟上通货膨胀率，会不断地减少。

4. 养老保险缴费率高

现在，企业职工基本养老保险的管理方式为“统账结合”，而缴费主要源自企业与个人，企业缴费比例为 20%，而个人承担的比例为 8%。与别的国家养老保险缴费比例相比，中国的缴费率要高得多。但是，如此高的缴费率却没有换来相应高的养老保险金的工资替代率。这就导致很多企业的用工成本上升，竞争力很难提高。

（二）医疗保障体制不够健全

1. 医疗资源分布不甚合理

医疗资源主要集中在大中型城市以及经济比较发达的

地区，特别是技术人才非常明显地集中在大中型城市以及经济比较发达的地区，而那些经济欠发达地区的卫生院仅仅能够治疗轻症疾病。在以前的几十年中，中国的社会经济建设获得了巨大的成绩，可是城镇化进程落后于工业化，而人口城镇化又落后于土地城镇化。城市居民，特别是大中型城市居民所享有的医疗卫生待遇要比那些进城务工人员好很多，比那些居住在农村的农民更好。

2. 药品与医疗器械流通秩序比较混乱，价格虚高

我们可以在报纸上看到关于药品与医疗器械价格比其出厂价格高数倍，甚至数百倍的新闻，而且这些问题至今依旧没有被彻底地解决掉。这与整个医疗药品、器械的流通体制以及医院内部的业务收入有着密不可分的联系。不少医院是按照其收入来对内部人员的工资进行确定的，所以就出现了不少问题，比如，价格比较高、胡乱地进行检查等。与此同时，自从实施合作医疗以来，对解决人们就医困难、就医昂贵的问题作用还不凸显，一些地区患者住院选择或者不选择合作医疗报销的花销差不了多少，有时仅仅相差一两百元，甚至更少，这都是药品与器械价格的任意变动导致的。

3. 医疗保障体系不适应医疗公平

中国现存医疗保障的覆盖率比较低，仅仅少数享有国

家公费医疗保障的人获得了实实在在的医疗保障，其他都处在一种非常脆弱的医疗保障中，人们看病的自费比例还比较高，个人承受的负担较大，医疗公平有待提高。

作为一个特殊的群体，老年人的患病率、伤残率以及医疗费用都比较高，他们所消耗的医疗资源占总医疗资源的 80% 左右，医疗费用在整个国内生产总值中所占的比例为 8%~9%。在一个人一辈子的支出中，有 2/3 为年老后的医疗费用。老年人平均健康预期寿命在其预期寿命中所占的比例仅仅为 70%，带病生活时间居然有 10 年之长。部分失能或者彻底失能的老人数量飞速增长，从 2000 年的 2260 万迅速增加到了 2015 年的 4063 万。医疗保险基金支出随之飞速地上升，在 2016 年，支出 10 767 亿元，比 2015 年增长了 15.6%。因为老年人群的参保率比较低、结构比较老化，不少应该参保的单位拒绝参保，故意延迟保费的缴纳时间，故意通过漏报或者瞒报工资基数的方式来躲避缴费，导致基金的筹资水平比较低；从医疗消费的实际情况来看，就算加入了基本医疗保险，享有了基本医疗保险待遇，可是因为统筹基金起付标准所设立的门槛较高，参保老人仍然有很高的自付医疗费用比例。一部分老人患上重大疾病或者慢性病，不管是统筹基金，还是个人账户支付都会存在严重不足的问题，而且有着十分大的缺口，参保老人只能被迫使用现金来支付非常高的医疗费用，这给经常患病与收入比较低的老人带来了相当大的经济负担。全民基本医疗保障对于医疗费用承受力提出更大的挑战。

（三）养老设施总量供小于求

中国现存养老服务制度基本上依旧是"补缺型"的制度框架，主要对"三无老人"以及比较困难的老人的基本生存进行保障，服务面相对窄，还没有形成系统化的、使所有老年人都能获得实惠的服务体系。

养老床位供给数量严重不足，供与需之间存在着非常明显的矛盾。尽管最近几年民办养老设施有了非常大的发展，但要达到2020年每千名老年人拥有养老床位数35~40张的水平，还有一段很长的路要走。

在养老服务供给匮乏的情况下，又表现为供给相对过剩。某些养老机构设施十分落后，老年人的生活没有一点儿情趣；某些养老机构设施又太奢华了，收费太高，导致不少老年人不敢选择。其最终的结果是原本数量就不多的养老机构的利用率也不高，相较于发达国家老年人进入福利院的社会供养比例要低得多。

（四）养老服务队伍的职业化建设比较落后

不管是从岗位职责来看，还是从专业技能来看，中国现存的养老服务队伍还无法迅速与老龄化社会现实需要相适应。其中，专业技术人员严重不足是最为突出的问题，在养老机构当中，不管是从事护理工作的人员，还是从事管理工作的人员，基本上都没有接受过系统而专业的技能培训与技术培训。调查结果显示，在就业之前，70% 以上的护理人员不了解护理相关知识；60% 以上的工作人员没有接受过系统的培训。人员培训问题已经变成了妨碍养老机构健康发展的至关重要的难题。

以养老护理员为例来说，中国城市半失能与失能的老年人所占比例约为 14.6%，农村已经高于 20%，这些老年人非常需要专业的护理与照料。根据老年人与护理员的比例 1 比 3 进行推算，中国需要养老护理人员的数量至少为 1000 万，与日益庞大的老年人口数量形成鲜明对比的是，全国养老机构护理人员数量不足 100 万，其中，经过专业训练、持证上岗的护理人员不足 10%。这不但与中国失能老人的潜在需求有着巨大的差距，而且也没有办法使需要得到养老机构的护理的老年人的要求得到满足。与此同时，养老服务队伍不仅整体素质不高，而且其业务能力、专业水平以及服务质量也无法使服务对象的需求得到满足。

（五）养老产业发展比较落后

1. 养老产业供需矛盾十分明显

中国养老产业属于新兴产业，相较于老年消费市场所具备的潜力，养老产业的发展与老年人的消费需要还有很大的距离。作为综合体系的养老产业，虽然横跨了第一、二、三产业，但如今仅仅在老年食品、医疗以及保健品等方面有了一定的发展，其他老年人专用的理疗产品、康复器具以及健身器械等尚未形成专门的市场供给。没有出台发展养老产业的优惠政策，老年人专用商品与精神文化用品的开发还远远不够，具有较大潜力的老年消费产业，比如，老年服务业、咨询业以及旅游业等发展也还远远不够。

2. 养老产业的扶持政策实施不到位

中国拥有世界上最多的老年人口，并且每年还在以3% 的速度增长。作为弱势群体，老年人群肯定需要国家出台一系列的保护政策。我们都很清楚养老产业的投资很大，但营利却比较低，并且资本回收期也比较长，需要相关政策进行扶持。虽然现在的某些重要文件中都提起过对养老产业要重视与发展，可是不少都属于原则性的要求，缺少具体的配套政策。就算是已经颁布的相关政策，在推行的过程中因为受到不同因素，比如，部门利益等的影响，还存在着落实起来十分困难的问题，这就大大地制约了社会力量参与的积极性。

3. 养老产业发展处在无序的状态

中国的养老产业起步比较晚，现存市场管理大部分依旧是按照旧有体制。尽管国外有不少国家很早就已经步入了老龄化阶段，而且其在老龄人口与产业方面有着不少值得我们学习与借鉴的成功经验，可是我们不可以仅仅是照搬，因为中国在步入老龄化社会的时候经济情况与其他国家并不相同，要找到与中国实际国情相适应的秩序、方法以及方式。目前，中国的养老产业市场的规范与行业标准并不统一，行业监管机构存在缺位，这就导致养老产业的产品以及服务的总体质量并不是很高，处在无序运作的状态。而缺少行业标准造成了不正当竞争，致使消费者不信任老年市场，在这种情况下，想要正规地进行生产与运营的厂家、商家也没有足够的勇气轻易地涉足这个领域。

4. 养老产业缺乏投资，缺少规模效益

在中国，人口老龄化发生在未富先老的状况下，相较于养老产业资金投入的增长比例，老龄化速度以及老年人持续增长的需求比例要大得多，政府在顺利解决老龄化问题上还有很多掣肘，不能完全有效地推动养老产业的发展，与此同时，养老产业仅仅能吸收非常有限的社会投资。大部分民办养老产业都陷入了缺少资金与贷款困难的境地中。这就导致养老产业严重缺乏发展资金，最终造成了现存养老产业整体层次不太高、养老产业后劲严重不足的尴尬局面，很难产生规模效益。

（六）老年产业体制机制不够顺畅

现在施行的政府养老职能大部分都在政府的各个职能部门分散着，很多部门，比如妇联、民政、工会、劳动人事、文化教育以及企业生产等，都在做养老工作。政府各个职能的养老工作缺乏整体规划，并且在行动上也协调性不足，政府各个职能部门都在各自为政，难以在管理上形成统一，老年工作管理的主要负责者为民政部门，别的部门和民政部门之间缺少良好的配合与有效的协调沟通。

因为中国步入老龄化社会并没有很长的时间，还没有充分地认识到人口老龄化将会带来多大的挑战，所以在应对老龄化的问题时没有做到措施上的统筹，在应对未来老龄化的挑战上没有做好准备，在看待人口老龄化问题的战略地位上也没有给予充分的重视。由于没有深入地对人口老龄化社会的发展方式进行认识，因此应对老龄化问题的政策主要放在了老年人口养老问题上；对于抚养负担、就业、代际公平等以及劳动力供求与接续等方面的政策缺少安排；对于积极鼓励老年人参加社会发展、促进老龄产业的发展、增加老年群体的收入以及挖掘二次人口红利等方面的政策也缺少安排。由于尚未建立老年工作评估制度，因此很难对为老年人服务的效果与效率进行质量评估。

（七）居家养老服务存在缺陷

1. 内容比较单一，无法使多样化的需求得到满足

在对待怎样生活方面，老年人都有各自的选择，他们期盼着可以按照自己的实际情况选择最适合自己的方式，对于那些不具备经济能力的老年人，国家会为这部分群体提供基本的居家服务，所以，这就要求养老服务内容应该是多样化的。唯有对不同人群的不同需求作出正确的分析，并且使之获得满足，才能够真诚地做到尊敬老人、爱护老人。对收入不同、地域不同的老年人，在养老服务方式上应该有所区别，不仅要使其基本生活需求得到满足，而且也要使其个性化需求得到满足。

2. 组织体系需要衔接规范的运作

现在，中国已经有了一定基础规模的居家养老组织体系，要使这些居家养老组织体系间有良好的协调与沟通，并且形成真真正正的合力，达到“1+1>2”的效果，对有关老年人利益服务的措施产生促进作用，这就对相关部门信息交流机制提出了更高的要求。

3. 需要多元化的资金来源

中国各个地区的居家养老服务的资金来源主要包括财

政拨款、社会捐助、彩票公益金的资助以及市场化运作四个方面。但这样资金量仍有不足，所以能进行补贴的服务对象数量以及覆盖面也受到了一定的影响。为了促使补贴服务对象的范围能够得以扩大，将社会主义制度的优越性体现出来，我们急切地需要对资金来源的渠道进行拓展，促使资金总量得以增加，从而促使老龄群体更高层次的需要得到满足。社会注资与民间资本的投入是必须采取的行动，不仅可以将社会养老问题解决，而且为这些资金找到了投资渠道，这就需要政府的引导与相关政策的保护。

4. 队伍规模与素质都有待提高、扩大

因为居家养老服务对象缺少有效需求，导致居家养老服务中心或者服务站所聘请的服务人员数量出现了严重不足的问题。此外，如今的居家养老服务人员并不具备较高的专业化水平。很多人几乎没有接受过系统的业务培训，他们的业务技能一般仅仅能够应付普通的生活照顾与家政服务，很难应付不同层次、不同特征的老人的多样化需求。现在，中国人力资源和社会保障部等有关部门对养老服务人员的培训已逐步展开，对服务人员进一步加强业务培训，提高服务能力。

二、养老体制机制改善空间中的商机

（一）积极老龄化

充分地将中国特色社会主义制度的优势发挥出来，采用主动战略，积极地对社会进行动员，将资源集中起来，从多个方面，如思想认识、物质基础等上对相关措施进行安排，创建“老有所养、老有所为、老有所教、老有所学、老有所医、老有所乐”的格局；引领社会创造条件，提供机会给老年人，使之参加经济社会活动，继而融入主流社会中，变成稳步发展的积极因素。老年人也是可以继续为社会经济发展贡献力量的群体，特别是身体健康、文化水平比较高的老年群体，应当为他们创造继续发挥作用的条件。

（二）健康老龄化

建立健康而稳步发展的老龄社会：积极推行健康促进行动，大力提倡“人类最珍贵的财富为健康”的理念与生活方式，创建老年健康服务系统，促使老年人身心健康、道德健康以及社会适应能力等方面处于向好的状态；积极地鼓励老年人做好“健康储蓄”，提升老年人的生命质量与生活质量，减少老年人依靠药物的程度，促使老年人生活自理的能力不断增强，使人在老年时期不能自理的时间段大大缩短。这对于提升老年人的幸福感有很大的帮助，也能部分解决照顾难的问题。

（三）保障老龄化

推动人口大国转变成人力资本强国，对人口红利进行挖掘，大力地创造社会财富，促使老年人社会保障的资源储备得以提高；树立“每个人都会变老、对老年人进行投资，所有人都会受益”的理念，创建多元化多层次责任分担体系，该体系是由国家、集体、企业、家庭、个人共同参与的；创建成本低、效益高、覆盖广的可行且实用的养老保障制度，将保障资金“支出压力比较大、使用效率比较低”的两大问题解决，促使达到经济供养有资金、精神慰藉有途径、生活照顾有渠道、临终关心有安排的目标。

（四）和谐老龄化

统筹规划微观需求与宏观影响的关系，不但要对个体需求，比如老年人的物质生活与精神生活等进行考虑，而且还要对老龄化如何影响经济社会发展与资源环境承载力进行考虑。通盘筹划人口数量和结构之间的均衡关系，老龄群体和生产、分配以及消费等之间的均衡关系，个体与个体之间、个人和群体之间的均衡关系。创建“不区分年龄、所有人共享”的格局，在代际之间实行社会资源的公平分配制度；从生命整个周期的角度出发，由“事后补救”

向“事前干预”进行转变，促使人口老龄化应对具有可持续性。

（五）人力资本综合开发战略下的经济资源

中国拥有世界上最多的老年人口，老龄化情况也最为特殊，所以一定要提高重视应对人口老龄化的程度，使之与基本国策处于同等的高度，并且竭尽所能地解决人口老龄化问题。从改革、稳定、发展的大局出发，严格遵从整个社会一起行动、通盘筹划解决人口老龄化问题的原则，提出正确的战略思路。由于老龄化问题的关键在于抚养比的提高，因此，提升抚养能力的基本途径为：对产业结构进行调整，积极推动技术的进步，努力提升劳动力的素质。促使抚养比降低的关键为增加就业，通过实行人力资源综合开发战略，给人口老龄化创造巨大的物质财富。

（六）国民养老保障提升战略下的经济资源

为了向国民养老方面全面地引进资金，中国一定要构建一个“三支柱”养老保障模式，其中，这“三支柱”指的分别为：国民养老金制度、个人账户养老金以及商业养老保险制度。

1. 通过国民养老金制度，创建普惠的保障底线

鉴于中国现阶段经济发展状况与中国人口所面临的压

力问题，现在还无法向所有人提供良好的养老服务，可是我们一定要创建最基本的体系，使老年人老有所依。在该体系中，资金可以通过多种形式进行筹集，比如政府收费、社会保障税等，使每一个老年人获得最低收入水平的保障。这个层次的目的在于将公平体现出来，促使资金的代际分配得以实现，从而对社会公平起到促进的作用。

2. 通过个人账户养老金制度，促使国民收入始终保持平衡

从基本养老保险制度中，剥离出现在实行的个人账户，与职业年金一同构成第二层次。这个层次的主旨在于将效率体现出来，对养老保障的个人责任以及单位责任进行强调。政府通过立法的方式来确定其税率与费率，由个人与企业进行缴纳，资金全部进入个人账户。中央政府专门制订资金运作方面的制度，交由有关部门进行管理与运作，并且对最低收益率作出规定。这个层次的主旨在于为老年人退休之后提供生活保障。通过将个人账户做大，促使其慢慢地变成保障大部分劳动者退休之后的收入主体。

3. 通过商业养老保险制度，促使多元化的养老保障服务得以提高

这种商业养老保险是自愿性的，它是对前两个层次所作的补充。其主旨在于促使不同收入阶层的养老需求得到

满足，将差别性体现出来，对激励性进行强调。国家制定相应的优惠政策，比如税收优惠政策、金融优惠政策等，鼓励创建形式多样的商业养老保险制度与模式，对国民养老金起到补充的作用。

4. 养老保险体系的替代率方面

在国际上，该指标通常约为60%，而在中国，因为非工资收入在收入结构中占据着比较高的比例，所以建议设定体系的总体目标替代率约为75%，以便对老年人的基本生活需求有所保障。其中，国民养老金所提供的平均工资的目标替代率约为20%，个人账户养老金提供的目标替代率为40%左右，商业养老保险金提供的目标替代率约为15%。

5. 三个支柱的养老保险互补，能很好地应对人口老龄化危机

第一支柱可以提供老年人的最低生活保障，解决收入比较低的老年人所面临的贫困问题。因为这个层次采取现收现付制度，所以可以有效地规避养老的诸多风险，比如，预期寿命延长、基金投资风险以及通货膨胀等。第二支柱强调增加个人与企业的责任，促使政府财政支出的压力得以降低，和第一层次一同为老年人提供基本的生活保障。第三支柱满足收入层次不同的人群的养老需求，使养

老金供给得以增加，确保其不会由于退休而造成生活水平降低。

6. 多渠道筹集基本养老制度转轨成本

不仅要充分对存量资产进行利用，而且也要充分地对增量手段进行利用，与此同时还要通过其他筹资渠道进行辅助。通过多种渠道，比如国有股划拨、创建财政结余资金、特种债券发行、集体筹资基金、彩票公益金以及社会捐赠等来筹集资金。

（七）养老服务社会化战略下的经济资源

加速创建以居家养老作为基础、机构养老作为补充、社区服务作为依托、社工提供服务作为载体，投资多元化、城乡一体化、队伍专业化与管理规范化的养老服务体系。

坚持在养老服务体系中家庭所占据的基础地位，这与中国的实际国情是相符的。中国人口老龄化特征决定了在解决养老问题的时候仅仅依靠创建养老机构是不符合现实的，一定要充分地将家庭的重要作用发挥出来。从多方面入手，比如公共投入、政策扶持等，全方位地推动居家养老服务，制定居家养老健康发展的法规政策，对家庭养老抱以鼓励与支持的态度。

极力推动社区居家养老服务，在解决居家养老的资金与人力瓶颈的时候要采用多种方法。增强社区服务设施、组织以及信息平台的建设。通过人口计生网络进行改造，在区、街道（乡镇）以及社区（村）创建居家养老三级服务网络。

积极对社会力量创办养老服务机构进行支持。经营性的养老机构在布局方面必须要遵从市场化原则，政府可以利用产业规划进行调节，鼓励社会资本创办非营利性、福利性的养老服务机构。部分养老机构则朝着满足个性化养老需求发展，选择优良服务市场定价的发展道路，满足部分老年人的个性化需求。

扎扎实实地推动养老服务规范化。制定合理的养老服务行业规范、服务流程、管理制度、指标体系以及评估标准，实施第三方督导进行评估。培养专业化的养老服务机构与护理服务队伍，加速创建养老服务业培训体系，设立各种各样的培训院系与培训基地，培育高质量的护理队伍。

第二章

乡村养老产业的供需特点

第一节 中国现有养老模式

现在，中国的养老方式非常多，可以说是五花八门，可是要从中将适应于中国社会主义市场经济制度的养老方式找出来，那真的需要我们认真地进行思考。现在我们简单地介绍一下存在于中国现阶段比较常见的养老方式，也就是以个人家庭为中心的养老方式以及以社会化群体生活为中心的养老方式。

一、居家养老

所谓“居家养老”，指的是老年人遵从中华民族长久以来的生活习惯，选择在家庭中居住，而非在养老机构中度过晚年的传统养老方式。这种类型的养老方式比较适合的人群：深受传统文化的熏陶与影响，坚持选择在家中安度晚年，尤其是年龄较大的老人以及对于去养老院与护理院养老有偏见或者顾虑的老人。

二、居家式社区养老

所谓“居家式社区养老”，指的是一种将老年人居住在家庭和社会化上门服务结合在一起的新型养老模式。这类模式能够保证老人、儿女、养老服务人员以及政府各自得到自己所需要的，使得资源获得充分的利用。社区居家养老可以对家庭养老所存在的不足进行弥补，是如今政府极力提倡的一种新型养老模式。这种类型的养老方式比较适合的人群：儿女的工作过于忙碌而无法得到较好地照顾，又不愿意从家中离开的空巢老人。

三、机构养老

机构养老包含多种情形，比如，养老公寓、养老院等。钟爱于群体生活的老年人，特别是孤寡老人在养老院居住，或者建立规模较大的老年社区，组织大批老年人心甘情愿地住进去，社区会向老年人提供他们所需要的各方面的专门化服务。对于未来养老而言，机构养老将是一大主体方式。这种类型的养老方式比较适合的人群：单身并且喜爱热闹的老人。

四、以房养老

所谓“以房养老”，指的是一种老人把属于自己的产权房租给别人或者抵押出去，以便定期拿到一定的养老金或是接受老年公寓服务的养老方式。通过某些金融机制或者非金融机制，将住房所具有的价值保留下来，在自己活着的时候变现套现用以养老。目前，社会已经对“以房养老”的养老方式给予了很大的关注。这种类型的养老方式比较适合的人群：手里有房子、没有孩子或是不想把房产留给儿女的老人。

五、乡村养老

乡村不仅拥有着新鲜的空气，而且还有着良好的生态环境，加之乡村的生活成本比较低，所以吸引了不少退休老人去乡村养老。有些城市老人原本家乡便在乡村，退休之后回归家乡，算是叶落归根；有些老人的收入比较低，觉得在城市生活的成本比较高，所以就愿意在乡村养老，觉得这样晚年生活可以过得更加轻松一些；有些老人非常喜爱靠近大自然，喜欢养养花草，游山玩水，觉得整天与大自然为伍是人生的很大的乐趣，因此，乡村养老的养老方式在这种情况下被催生了出来。这种类型的养老方式比较适合的人群：尽管已经进入晚年时期，可是生命的韧度并未减少，经常希望换一个地方居住，换一种生活的老人。

一位杭州大妈的乡村养老模式

晨光微露。几声狗叫，打破了村庄的宁静。眺目远望，乡村沉浸在一片烟海扬波的境界里。

村的尽头，早起的王大妈已在菜地里除草松土。再随手摘几根新鲜的葱，拔两棵青菜，给老伴做碗热腾腾的葱油面，炒个下粥菜。

王大妈是一个“老杭州”，不过，6 年前为圆“乡村梦”，从电力局退休后的她奔到桐庐县岭源村“买”下一栋老屋，从此将自己的晚年安放在这山麓环绕、溪水潺潺之处。

退休后，希冀过上喂鸡、劈柴、种花、浇菜的悠然山居生活的王大妈，也曾与老伴在临安农家乐住过几个月，不过毕竟是租住别人的家里，有诸多限制，总感觉有点不自在。

2008年，朋友推荐夫妻俩来桐庐岭源村看看。空气清新、民风淳朴的乡村让他们一见钟情，当即花了不到1万元，“买”下一栋2层楼、6间房老屋的20年使用权。此后，她和老伴在这个距桐庐县城75千米、离杭州115千米的岭源村长住了下来。

坐在二楼的露台，村子全貌尽收眼底。王大妈花费近5万元，将老屋设计成“想要的生活”。有趣的她将种蔬菜和兰花的园子称作“植物园”，将养鸡、鸭、鹅的地方称作“动物园”。后院的桂花树下还立有写着“静园”二字的大石。

液晶电视、笔记本电脑、无线上网，老宅里配上时下必备的通信设备；靠近山脚处，又专门请人搭建架空小木屋，用来休闲娱乐和招待亲朋好友；每个房间都有单独的浴室、热水器、电视机，如同民宿那般温馨精致。

自从来到了岭源村，王大妈夫妇就有点乐不思归了，一年四季，除了单位组织体检需要回城住几天，就连过年都留在这儿，看村里人做豆腐、蒸馒头、贴对联，自己也学着包鸡蛋饺、晒番薯干、制手工面，日子过得真是有滋有味。

看着屋檐下挂着自制的一串串腊肉、一只只腊鸭腊鸡，王大妈感觉自己原本就应该是个岭源人。

当问及自2009年搬进岭源村有无不适时，68岁的王大妈说：“一住下来就很安心。”如今，她很习惯村居生活，喜欢捧着饭碗串门的日常。

刚过去的这个春节，小院子每日都充斥着“城里客”的羡慕声。来拜年的亲友都羡慕王大妈夫妇的采菊东篱，置身心于山野的“闲云野鹤”般的生活。

有些亲友，一逢节假日，就驾车到村里，吃一口“静园”里的蔬菜，吸一口山里的好空气，走了还要向村民买两只放养的鸡鸭带回去。

住下来、不想走的远不止王大妈一家，第二户城里人来了、第三户……越来越多的“城里客”远道而来住进了岭源村。

“出门十几分钟就有超市，开车不到20分钟就有医院，到桐庐县城也很近。”王大妈说，门口就有公交车，生活还是挺便利的。

甚至有朋友干脆直接托王大妈帮他们也物色一处这样的好地方，如今也成了她的邻居。

不过，村里的闲置房早已被村集体统一管理，若要租赁，双方都会有规范的诸多限制条件。

但要说顾虑，王大妈也不是没有。她深知这种“私下买卖其实无法可依”——尽管有契约保证，但一旦产生纠纷，合理的权益诉求可能成为“不必要的麻烦”。然而，村民们的善良和热情，一下子融化了夫妻俩的忧虑。村民们一口一个“王老师”，一直把王大妈当老熟人般对待，老两口也早已完全融入了山村的简单生活。

杭州人正越来越长寿，2016年杭州人口期望寿命为82.08岁。养老已然是个大问题。

除了杭州的周边地区，浙江的天目山、莫干山、千岛湖，安徽黄山等地，也有数千名城里老人在这些风景区似的乡村“租房养老”，这俨然已经成为一种新的时尚养老方式。

由“城里客”向“乡下人”过渡，这些“时尚”老人过上了一种完全不同于城市的，有着好水好空气的山居生活。且“养生支出”相对城市低了很多，而生活品质却高了很多。

六、异地养老

所谓“异地养老”，指的是由于地域不同，房价、生活成本以及生态环境皆存在着较大的差异，从那些居住环境比较恶劣、生活成本比较高的大城市搬出来，搬到生态环境良好、生活成本相对低一些的城镇养老的养老方式。

这种类型的养老方式比较适合的人群：经济条件不佳可是却喜爱旅行的老人。

七、售房入院养老

所谓“售房入院养老”，指的是老年人把属于自己的住房卖出去，用这笔钱去具有良好条件的养老院居住的养老方式。这不仅可以有效地对社会资源进行节约，而且还能够使自己的养老生活多不少乐趣。另外，如果把一部分卖房子的钱款交给寿险公司办理养老寿险，那么就能够让自己无忧无虑地度过晚年生活了。这种类型的养老方式比较适合的人群：拥有房产又不想与儿女一起居住，喜爱热闹的老年人。

八、售后回租养老

人们先出售具备完全产权的住房，然后再采用“售后回租”的方式实现以房养老的目的。这不仅可以拿到一笔数目不小的钱款用来养老生活，而且还能够在晚年时期对原有住房保持长期的乃至生前的使用权，跟以往一样有房子可以居住，促使老人的养老变得更加保险。这种类型的养老方式比较适合的人群：不乐意从家中离开，投资较为小心、慎重的老年人。

九、租房入院养老

所谓“租房入院养老”，指的是先将把具备完全产权的住房租出去，然后再通过另外租房居住或者到养老公寓、养老院居住的方法实现以房养老的目标。这不仅可以保证老年人在晚年像以往一样有房子可以居住，并且能得到连续稳定的租金收入用来养老生活，而且还能够确保在自己去世之后，原有住房依旧可以留给自己的儿女，这与国人养儿防老、遗产继承的传统习俗是相符的。这种类型的养老方式比较适合的人群：拥有的住房在一套以上或者拥有面积比较大的住房的老人。

十、基地养老

所谓“基地养老”，指的是在大城市附近交通比较便利、生态环境良好、经济相对不是很发达的区域，建立规模较大的养老基地，让大城市的老年人按照自愿的原则入住进去，推行基地养老。这种做法不仅可以提高养老的品位以及生活的质量，而且也相对节省了不少养老成本。老年人在基地住下之后，还能够把城市中原本居住的、现在已经闲置下来的住房，通过出租或者出售的方式把房屋价值盘活。这种类型的养老方式比较适合的人群：具备一定的经济实力，喜爱与自然亲近，但又不想离家太远的老年人。

十一、大房换小房

老人退休之后，将原来居住的大屋子卖出去，然后买下适于居住的小屋，把买卖房子的差价款用于股市或者债券投资，可以为养老提供更好的保障。老人还能够用这笔差价款来办理养老年金寿险，每年支取现金用于养老，待一定年份后再把这个小房用以房养老的方法，继续得到现金流入，安然地度过晚年生活。或者对外出售该小房子，自己入住养老院安然地度过晚年生活。这种类型的养老方式比较适合的人群：住房处在市区比较中心位置的老人。

十二、合居养老

有些老人可以通过商量对外出售自己的住房，把钱财合并起来，针对养老问题进行了一个比较特殊的组合，在地段比较好的位置通过合资的方式购买大面积、功能好的住宅，大家一同居住，合作买房，一起居住开销，组成养老的生活共同体，搭伴进行养老。这不仅可以促使养老生活的成本大大降低，而且还能够有效地除去因独居而产生的空虚感。这种养老方式比较适合的人群：一些具有相同的志趣并且收入比较低、住房环境不好的老年人。

十三、货币化养老

所谓“货币化养老”，指的是由相关部门投入一定的资金，采用货币券的形式发放给特困老人，老人能够持券前往社区购买服务，从而促使居家养老得以实现。这种养老的方式比较适合的人群：城市特困以及孤寡老人。

十四、旅游养老

现在，有一部分老人，在某些名胜景点所在地，比如哈尔滨、青岛、昆明以及杭州等地购买住房，一年到头当作观光游览者，以此作为养老的方式。这种养老方式比较适合的人群：退休之后身体健康、经济条件良好、想要趁着腿脚灵活的时候享受旅游观光的老人。

十五、小型家庭养老

将自家的住房装修成适于老年人入住的场所，雇用养护员或者由原家庭成员为受养员进行服务。这种养老的方式比较适合的人群：半自理与无法自理的老人。

十六、钟点托老

在居住社区内举办一两个托老所或者老年活动室等，犹如举办幼儿园一般，为老人们提供食物、图书以及娱乐等。白天，老人们在这个地方托管，子女们也会觉得十分放心。这种养老方式比较适合的人群：在社区内居住的老人。

第二节 人口老龄化对乡村养老服务需求的影响

从宏观角度来看，人口老龄化和农村养老服务需求存在着最为直接的关系，因为人口老龄化不仅直接影响着乡村老年人数量的增长速度，使之快速地进行增加，而且也有效地推动着农村老年人口的深度老化。

人口老龄化对于养老服务需求产生的影响，主要通过两种方式来实现：第一，老年人口的总体规模的增加；第二，老年人口的老化程度的加深。随着人口老龄化不断增加，一定范围内老年人口数量会随之飞速地增长，这必然会使养老服务需求在一定程度上获得增长，这个问题由表 2-1 可以得到说明。

表 2-1　1990 年以来中国农村人口老龄化演进情况

年份	农村总人口（万人）	60 岁及以上人口		65 岁及以上人口		80 岁及以上人口	
		人数（万人）	占总人口比重（%）	人数（万人）	占总人口比重（%）	人数（万人）	占总人口比重（%）
1990*	83 437	7184	8.73	4788	5.74	575	7.90
1991	84 438	7589	8.99	4995	5.92	612	8.06
1992	83 862	7383	8.80	4890	5.83	618	8.38
1993	81 498	7290	8.95	4792	5.88	626	8.58
1994	89 840	8387	9.34	5537	6.16	707	8.43
1995**	86 036	8597	9.99	5748	6.68	730	8.49
1996	84 718	8468	10.00	5613	6.63	731	8.63
1997	84 021	8476	10.09	5672	6.75	736	8.68
1998	82 174	8569	10.43	5794	7.05	770	8.99
1999	83 115	8735	10.51	5965	7.18	809	9.26
2000*	78 384	8557	10.92	5881	7.50	818	9.56
2001	79 640	8993	11.29	6214	7.80	859	9.55
2002	78 099	9186	11.76	6382	8.17	918	10.10
2003	75 430	9002	11.93	6325	8.39	903	11.97
2004	76 300	9289	12.17	6442	8.44	976	10.50
2005**	70 709	9709	13.73	6751	9.55	1044	10.76
2006	74 377	10 315	13.87	7092	9.53	1088	10.54

续表

年份	农村总人口（万人）	60岁及以上人口		65岁及以上人口		80岁及以上人口	
		人数（万人）	占总人口比重（%）	人数（万人）	占总人口比重（%）	人数（万人）	占总人口比重（%）
2007	73 058	10 331	14.14	7026	9.61	1095	10.60
2008	72 021	10 437	14.49	7050	9.79	1134	10.87
2009	70 734	10 434	14.75	6931	9.80	1112	10.66
2010*	66 281	9930	14.98	6667	10.06	1195	12.03
2011	65 068	10 106	15.53	6738	10.36	1182	11.70
2012	63 417	10 240	16.15	6728	10.60	1182	11.54
2013	62 961	10 638	17.08	6945	11.15	1272	11.95

注：表中，“*”为人口普查数据，“**”为人口1%抽样调查数据，其余均为年度抽样调查数据；表中人口数量数据，除了人口普通数据之外，其余均根据抽样人数与抽样比推算得到。

伴随着人口老龄化持续向深度发展，在生活水平以及医疗技术水平持续提升的前提下，高龄老年人数必然会不断地增多，在个体功能出现退化、老化的现象，甚至在患上疾病等影响之下，年纪越大的老年人，其自理能力通常就会越差，半失能与失能比率也会随之提高，进而导致养老服务需求不断增加。2005年全国1%人口抽样调查结果显示，农村老年群体中没有办法正常工作或者生活不能自理的年龄在60~69岁的，占比有8.83%；年龄在70~79岁的，占比有25.18%；年龄在80~89岁的，占比有43.59%；年龄在90岁以上的，占比有57.35%。2010年全国人口普查与2011年全国抽样调查数据也都显示，尽管相较于2005年，老年人无法自理率或者失能率有了一定程度的降低，可是老年人无法自理率会随年龄的增加而提高的趋势却是规律性的，见表2-2与图2-1。

表2-2　第六次全国人口普查时中国农村老年人群年龄段的健康状况

年龄段	老年人数量（万人）	健康与基本健康老人		不健康但生活能自理老人		生活不能自理老人	
		数量（万人）	比重（%）	数量（万人）	比重（%）	数量（万人）	比重（%）
60~69	5583.83	4975.73	89.11	534.24	9.57	73.66	1.32
70~79	3151.58	2288.41	72.61	742.36	23.56	120.81	3.83
60~79	8734.91	7263.84	83.15	1276.60	14.62	194.47	2.23
80岁及以上	1195.42	652.98	54.62	406.81	34.03	135.63	11.35
60岁及以上	9930.33	7916.82	79.74	1683.41	16.94	330.10	3.32

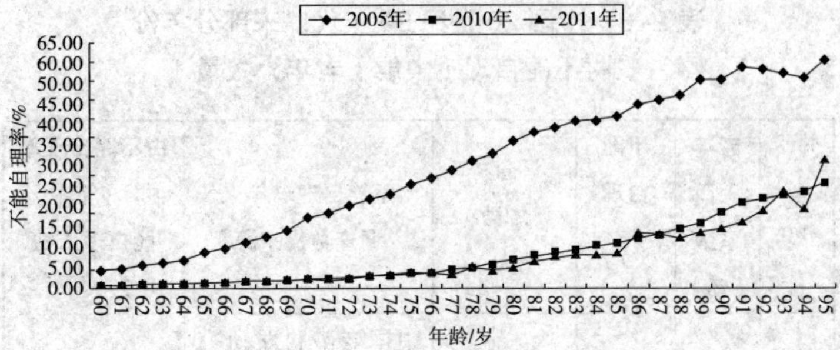

图 2-1 2005 年、2010 年和 2011 年中国农村 60 岁及以上老年人不能自理率变化情况

注：2005 年的老年人不能自理率（或失能率）因同时包括了老年人对“不能正常工作”和“生活不能自理”的认知，因此，笔者认为不属于严格意义上的老年人不能自理率，调查统计结果相对偏高。

为了更好地对 20 世纪 90 年代以来人口老龄化对中国农村养老服务需求的影响进行了解，笔者对 1992 年以来全国人口普查、人口抽样调查以及国内科研机构与高校对农村老年人不能自理（失能）状况的调查结果进行汇总，并且结合人口普查与人口抽样调查所提供的农村老年人无法自理（失能）率，将 20 世纪 90 年代以来某些年份中国农村中的无法自理老年人数估算了出来，如表 2-3 所示。

由表 2-3 可以看出，因为各调查机构抽取的样本或者选择的调查口径并不是完全一样的，所以按照各调查机构计算的老年人无法自理（失能）率估算出来的中国农村无

表 2–3 中国 20 世纪 90 年代以来部分年份农村不能自理（失能）老年人数量

年份	老年人口系数（%）	不能自理率（%）	调查样本数（人）	不能自理老年人调查数据来源	由不能自理率估算的农村不能自理人数（万人）①
1992	8.80	6.05②	5615②	中国老龄科学研究中心	446.67②
1994	9.34	8.7	124 114③	国家统计局人口变动情况抽样调查	729.67
2002	11.76	6.15②	4987②	北京大学中国老年人健康调查	564.94②
2004	12.17	10.8	152 055③	国家统计局人口抽样调查	1003.21
2005	13.73	18.20④	1 296 836	全国 1% 人口抽样调查	1767.04④
2006	13.87	6.9	19 947③	中国老龄科学研究中心	711.74
2010	14.98	3.32	10 087 958	第六次全国人口普查	329.35
		7.8	19 986③	中国老龄科学研究中心	774.54
2011	15.53	2.79	85 905	国家统计局人口变动情况抽样调查	281.96
2015	—	6.73⑤	—	中国老龄科学研究中心课题组	828.9⑤

注：表中，①为根据抽样调查的老年人不能自理率估算的人数；②为 65 岁及以上人口；③为城乡总计的 60 岁及以上老年人口数；④为不能正常工作或者生活不能自理者；⑤为预测值。

法自理老年人数量与实际情况相比有着非常大的差距。参考中国老龄科学研究中心1992年与2002年对65岁及以上老年人口的无法自理（失能）率的调查数据，根据调查同期的中国农村无法自理（失能）的老年人数应当比按照60岁及以上人口及其无法自理（失能）率所估算的农村无法自理（失能）老年人数量少一些；但因为2005年全国1%抽样调查的统计口径是“无法正常工作与生活无法自理”，由此计算与估算出来的2005年中国农村60岁及以上老年人无法自理（失能）率与无法自理（失能）老年人数应当比实际的无法自理（失能）率与无法自理（失能）人数多一些。通过表2-3所示的20世纪90年代以来中国农村60岁及以上老年人的无法自理（率）与无法自理（失能）人数以及调查样本数很容易发现，2010年第六次全国人口普查所抽取样本量是最大的，所以其调查结果应该具备最高的可信度，换句话说，2010年中国农村无法自理老年人数约为330万是可信的。另外，2011年国家统计局的人口抽样调查也从某种程度上对2010年“六普”结果的可信性进行了印证。

通过对2010年与2011年中国农村部分地区老年人口系数和无法自理率的相关分析不难发现，2010年、2011年二者的相关系数分别为0.832与0.952，在1%水平下都是十分显著的，这从某种程度上可以说明，老年人的无法自理率与老年人口系数之间有着正相关关系，也就是说，农村人口老龄化对农村养老服务需求增加存在着正向促进的作用。

除此之外，由图 2–2 还可以看到，在很多省份，相较于 2010 年、2011 年 60 岁及以上老年人无法自理率都有了一定的下降，可是却不可以由此得出农村老年人养老服务需求呈现出降低趋势的结论。

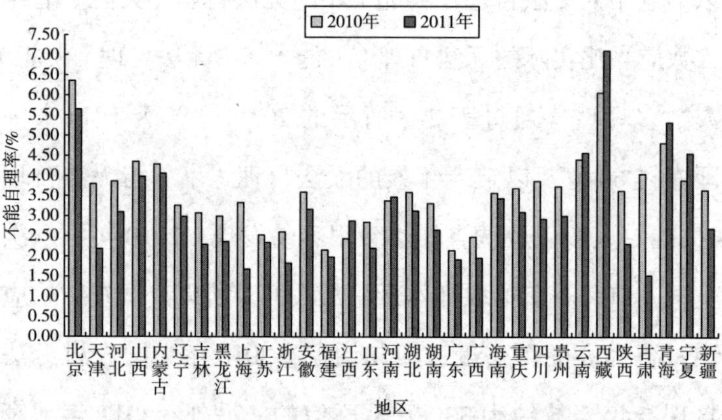

图 2–2 各地区 2010 年至 2011 年 60 岁及以上老年人不能自理率的变化

其原因包括两个方面：

第一，老年人无法自理率所表明的仅仅是某一时期某一老年人群体中丧失生活自理能力者的比率，尽管这个比率能够从一定程度上将老年人群体的养老服务需求趋势表现出来，可是却不可以代表老年人对于养老服务的总需求情况，因为养老服务涉及了老年人的生活、生存以及精神需求等多方面内容，这些方面包含了日常生活照顾、身心康复、疾病护理，及儿女、亲人、朋友与社会的精神慰藉、陪着老年人散步、就医与旅游，以及将老年人组织起来参与各类文体娱乐活动等，而且，在现实社会中这些服务活动的惠及面远远不止生活无法自理（失能）老人，还包括病残老人、孤寡老人、失独老人与空巢老人、贫困老人以及那些尽管生活上具备自理能力但心理或者精神比较孤寂、缺乏依靠的老年人等。

第二，在短时间内老年人无法自理（失能）率的下降或许存在着偶然性，就算这种偶然性在事情发生之后被验证是具有一定规律的，依旧无法据此得出农村老年人的养老服务总需求是降低的结论，因为中国农村老年人无法自理（失能）率的下降与整个社会尤其是农村经济的发展、人们生活水平的不断提高以及医疗科技的不断进步、医疗卫生条件的逐渐改善与社会保障能力的提升等有着密不可分的关系，是农村老年人身体健康状况、生活质量整体得到改善的结果。事实上，随着农村社会经济的不断发展、农民收入的水平持续提高、老年人的知识不断增加与扩展以及获得信息的渠道一天比一天广泛，农村老年人越来越关注个人生活的幸福快乐、自身的权益保障以及自我价值的实现：强烈地渴望保持尊严地生活下去，期盼着参加家庭与社会群体活动、渴望与别人（包括亲朋好友、邻里以及社区内人员等）进行沟通与交流、凭借工作与某些自己的力量可以达到的活动来愉悦身心与展现自身价值、常常获得家人与社会的帮助以及身心关怀与照料、获得家人与社会的尊重和重视等，正在成为愈来愈多的老年人的现实追求，变成老年人对于社会、社区以及家庭的期待。

由此可以看出，社会经济的不断发展与医疗科技的持续进步对农村老年人生活质量、延迟老年人生活无法自理（失能）年龄以及延长老年人寿命方面起到了一定的作用，也激活与激发了老年人内心深处对于个人生存与生活尊严的追求以及对精神或者心理需求得到满足的渴望，这种追求和渴望进一步演变成老年人的实际养老服务需求，而给予足够的重视并且竭尽所能地促使这些需求得到满足，毫无疑问是社会不断进步以及对以人为本的最佳诠释。

第三节 中国乡村养老服务的供给现状

一、农村养老服务供给的主体

养老问题主要包括“谁来养”“养不养”“怎么养”“养得怎样”四方面的内容。其中，“谁来养”是养老的首要问题；“养不养”既是法律、道德问题，又是涉及部分老年人生活甚至生存的现实问题；“怎么养”即养老模式问题；“养得怎样”是养老质量的问题。

养老主体的问题即是“谁来养”的问题。按照中国农村实际情况，可以将农村养老的主体大致划分为家庭、自我、社会三类。

家庭养老一直都是中国农村养老的基本模式。对于老人，子女孝敬是天理人伦的要求，90% 以上的农民仍然靠传统的家庭养老。但是随着人口不断老龄化、家庭小型化以及子女减少的问题的逐渐突出，家庭的养老功能开始弱化，单一家庭养老模式存在欠缺，一些问题严重威胁家庭养老模式。家庭作为传统养老责任的主要承担者，一方面，随着农村生育率的不断下降，小型化、核心化趋势愈发明显，养老压力也在不断集中；另一方面，由于农村劳动力的大量转移，农村老人与子女一代长期分居现象大量存在，现有的家庭养老模式不断弱化。而且家庭养老模式存在一些明显的问题，主要表现在：

一是老年人的供养直接受子女经济收入的影响，缺乏稳定性并且具有很大的风险性。农村老年人普通自身收入不高，绝大部分需要子女提供经济支持。若子女收入有限，提供给父母的经济支持也就不多，直接导致老年人生活质量不高。

二是人口结构变化，造成农村子女养老的经济负担过重。近年来农村家庭中的子女数量减少，子女面临着“上有老下有小”的问题，不仅要支付父母的生活费用和医疗费用，还要支付孩子的生活费用和教育费用，负担很重。

农村老人自我作为养老主体是一个无奈的选择，有的老人甚至还需补贴子女一代，在照顾孙一代成长上也一直默默付出。中国农村主要经济收入来源于农业生产，从而就更加使得绝大多数依赖土地收入生活的农村老年群体受到较大的影响。伴随着城镇化发展进程的不断加快，出现农村失地失业现象，这也导致农村老年群体的收入水平也大幅降低，给老年人以及他们的子女带来了更大的压力。老人自我作为养老主体的基本前提是老人身体健康，具有相当程度的自理能力。随着年龄逐渐增大，老人的自理能力下降，甚至丧失，这时的养老就无法再靠自己。这就决定了农村老人自我养老只能是一定时间段内的过渡方式。

在社会方面，目前农村养老主要依靠国家力量的介入，推行“五保户”、开设敬老院等对失能、失亲老人等进行帮扶，“新农保”政策的推行亦开始对农村老人进行养老补贴，但主要发挥辅助作用，还未从根本上解决农村养老问题。

近年来，中央一号文件对于农村养老问题持续关注。2022 年中央一号文件强调，“扎实稳妥推进乡村建设”“加强基本公共服务县域统筹”“提升县级敬老院失能照护能力和乡镇敬老院集中供养水平，鼓励在有条件的村庄开展日间照料、老年食堂等服务”。2022 年，国务院印发的《“十四五”国家老龄事业发展和养老服务体系规划》中也明确提出，“加快补齐农村养老服务短板”。不少地方开始积极探索新型农村养老体系，农村社区养老成为其中一个重要方式。

农村社区养老是在农村社区范围内，以家庭养老为基础，以社区照顾为主体，以集体组织为支撑，集合社区内多元化力量所形成的嵌入式养老模式。它有效整合了家庭和社会的养老功能，聚合社区力量，具有养老“离家不离村”的优势。《中共中央国务院关于加强新时代老龄工作的意见》强调，“提升社区养老服务能力，着力发展街道（乡镇）、城乡社区两级养老服务网络，依托社区发展以居家为基础的多样化养老服务”。由政府主导，依托农村内基层组织，嵌入外部社会组织，整合城乡资源，协同政府、市场、社会力量，构建农村社区养老共同体。同时应用新兴信息技术，培育创新智慧养老，合力推进农村社区养老服务供给。

二、农村养老服务供给遭遇的困境与存在的问题

养老服务属于一项综合性活动，涉及老年人平时的生活照顾、身体健康与疾病护理、心理或者精神安慰以及情感的支持。在现实社会中，养老服务的供给需要非正式社会支持网络，比如，老年人及其家庭、亲友以及邻居等；还需要正式社会支持网络，比如，政府、社会（包括志愿者、企业）与社区等彼此进行配合，相互取长补短。但是，在中国农村，社会飞速地变迁，经济体制转型十分迅速，

家庭利益分化与家庭规模越来越小、社会孝文化的改变，使得以家庭养老为主的传统养老方式出现了更多的可能。与此同时，社会养老在一时之间又没有办法对家庭养老功能不足所留下的养老服务供给空缺进行填补，从而造成了如今中国农村养老服务供给陷入尴尬境地。

（一）农村家庭养老服务功能弱化

中国人向来将家庭看作是安身立命的处所与生老病葬的依靠，家庭在人们心中占据着相当重要的位置，尤其是在人们年过 60 岁之后，其对于家庭与亲人，尤其是儿女的依赖感会一天比一天强。这种依赖感来自老年人对于生存的需求，同时也是其精神与情感的寄托，它甚至是大部分中国家庭繁衍后代、延续子嗣的基础要义。但是，20 世纪 70 年代以来，随着社会的不断变迁、计划生育政策的全面落实以及家庭联产承包责任制的具体实施，尤其是经济体制在 20 世纪 90 年代以来所进行的转型，家庭的养老服务功能表现出弱化的趋势，这非常明显地表现在下列几个方面。

1. 家庭规模小型化促使家庭养老服务的供给能力减弱

家庭养老服务属于一种劳动与精神安慰的提供过程，受到老年人身体健康情况与心理状况等影响，老年人对于养老服务的需求有着持续性与不确定性，这毫无疑问地对家庭或者家人的服务供给提出了较为严峻的挑战，尤其是在经济情况普通但人口与劳动力又相对比较紧缺的家庭，矛盾相当明显。在中国，致使家庭人口快速减少的原因主要包括两个：

第一，在计划生育政策的广泛实行下，农村家庭子女数量减少，进而导致家庭规模缩小。而家庭子女人数的减少与家庭规模的缩小，肯定会对老年人从家庭尤其是子女处得到必要养老服务的机会与可能性造成影响，因为相较于子女少的老年人，子女比较多的老年人不但养老服务负担主体更多，而且养老选择也更多。在社会竞争异常激烈与家庭经济压力十分大或者个别儿女不在身边的情况下，毫无疑问地会致使老年人得到家庭养老服务变得更为艰难。

第二，由社会的不断变迁、经济体制的转型以及人们家庭观念的转变致使传统大家庭分裂与核心小家庭不断地增多。根据专家学者的调查显示，在 20 世纪三四十年代，中国农村大家庭的比例基本上保持在 50%，甚至 50% 以上，到了 80 年代下降了 20% 左右，2000 年第五次全国人口普查的时候，中国农村一代家庭户所占的比例为 18.21%、二代家庭户所占的比例为 59.72%、三代及其以上家庭户所占的比例为 22.07%。2010 年第六次全国人口普查的时候，一代、二代、三代及其以上家庭户所占的比例分别为 29.77%、47.54% 与 22.69%，到了 2013 年的时候，一代、二代、三代及其以上家庭户所占的比例分别为 35.18%、43.75% 与 21.07%。从总体上来看，农村一代户家庭显著增加，二代家庭户明显减少，三代及其以上家庭户也呈现出逐渐减少的趋势，如表 2–4 所示。

在这些农村家庭当中，2000 年有 22.02% 的家庭至少有 1 个年龄不小于 65 岁的老年人，2010 年至少有 25.95% 的家庭有 1 个年龄不小于 65 岁老年人，10 年之间拥有年龄不小于 65 岁的老年人的家庭净增加到了 446.76 万户；而在拥有年龄不小于 65 岁的老年人的家庭当中，2010 年单身老人户或者老年夫妇户占 29.60%，为一个老年人或者一对老年夫妇和未成年亲属的家庭户占 2.30%，相较于 2000 年分别增长了 8.62% 与 0.2%。在社会养老服务体系还没有完全健全起来的情况下，儿女数量的减少，加上农村存在的子辈到了一定年龄就分门立户的传统，老人与子女不在一起生活，这些都会对家庭养老服务的供给造成影响。

表 2-4　2000 年以来中国农村家庭户类型演变

年份	一代户		二代户		三代户		四代及以上户		合计	
	户数（万户）	比重（%）	户数（万户）	比重（%）	户数（万户）	比重（%）	户数（万户）	比重（%）	户数（万户）	比重（%）
2000	3809.86	18.21	12 493.11	59.72	4419.60	21.13	196.76	0.94	20 919.33	100.00
2006	6061.63	26.94	11 924.92	53.00	4346.97	19.32	166.48	0.74	22 499.89	100.00
2010	5796.60	29.77	9257.98	47.54	4222.70	21.68	197.23	1.01	19 474.50	100.00
2012	6629.12	33.78	8837.91	45.03	3983.51	20.30	175.57	0.89	19 626.11	100.00
2013	6903.04	35.18	8585.64	43.75	3947.93	20.12	186.86	0.95	19 623.36	100.00

2. 子女和父母分户居住、外出务工经商及其从事产业与行业的转变对家庭养老服务供给产生了制约的作用

自从 20 世纪 80 年代，尤其是 90 年代以来，伴随着经济体制转型与城市化进程不断地加快，农村青壮年劳动力人口大量外出，不但使得父母与儿女见面、沟通的机会减少，而且也促使老年父母从儿女处得到家庭养老服务的难度增大了，导致某些农村老年人难以获得源自子女的日常生活照顾、疾病护理以及精神安慰。人口普查与抽样调查资料显示，2000 年中国拥有 1.21 亿流动人口，2010 年增长到了 2.21 亿人，2013 继续增长到了 2.45 亿人；2000 年拥有处于人口分离状态的城乡人口 1.44 亿，2010 年增长到了 2.61 亿人，2013 年增长到了 2.89 亿人，而在这些流动人口与人户分离人口中，农村人口所占的比例在 90% 以上。按照第六次全国人口普查数据显示，2010 年农村 7015.93 万个拥有年龄不小于 60 岁的老年人的家庭中，单身居住与夫妇独自居住的老年人家庭所占的比例为 30.77%，一个老人或者一对老年夫妇和未成年亲属一起居住的家庭占的比例为 3.11%。另外，按照 2010 年 12 月中国老龄科学研究中心所做的抽样调查结果，农村老年人平均有 1.56 个儿女（其中包括儿媳与女婿）的工作在外地，而没有办法按时将钱寄给老年父母

的不足 55%；在老年人需要的时候可以提供帮助的亲属平均为 4.09 人，有 12.39% 的儿女无法或者不一定可以为老年人的购物提供帮助，有 13.20% 的儿女无法或者不一定可以陪着老年人一起看病；老年人觉得可以毫无顾忌地说心里话的亲属平均为 3.01 人。

除此之外，农村就业人口从纯粹从事农业转变为农业和非农业兼业或者放弃农民工作经商，也对家庭养老服务供给产生了相当大的影响与制约。根据相关统计资料显示，在 20 世纪 80 年代以前，农村就业人口当中有 90% 以上从事农业，1990 年这个比例有所下降，为 81.6%，2000 年、2010 年又降低到了 73.7% 与 67.4%，2013 年降低为 62.4%。换句话说，在 20 世纪 80 年代以前，家庭就业人员几乎都是从事农业生产的，而如今仅仅只有不足 2/3 的人从事农业，倘若将其中有些人还要利用农闲时间前往外地打工经商考虑在内的话，现在实际从事农业的人员所占的比例会更加低。而愈来愈多的农村劳动者从农业生产中离开，从事第二、三产业，甚至远离自己的家乡到外地打工经商，不但会使儿女为老年父母提供家庭养老服务的可能性降低，在老年父母需要的时候不能为他们提供家庭照顾与护理服务，而且也使得儿女和老年父母见面、沟通的时间与机会都大大地减少了，甚至还会促使某些农村老人因不得不承担农作、处理家务以及照顾孙子女的多项责任而没有办法快乐地享受晚年生活。

3. 家庭养老社会资本衰落会对家庭养老服务的供给产生影响

所谓“养老社会资本”，指的是嵌入社会结构与社会网络当中、直接或者间接支持满足老年人物质、心理以及精神需求的一切关系资源的总称。站在家庭的角度来看，养老社会资本可以分成两种，即家庭内部养老社会资本与家庭外部养老社会资本。所谓“家庭内部养老社会资本”，指的是与家庭中老年人，即被养护的对象存在着十分亲密的血缘、姻缘与收养关系的关系资源，比如，配偶、儿女、媳婿、孙子女（其中也包含着外孙子女）以及近亲的旁系亲属等，他们与老年人，即被养护对象之间有着非常强的情感、规范、信任以及责任的关系，属于强关系性养老社会资本；而家庭外部养老社会资本指的则是在家庭之外存在的社会关系资源，比如亲友、邻居以及社区（其中也包含着村集体）、企业、政府等。他们与老年人，即被养护对象之间的情感、规范、信任以及责任的关系是很弱的，属于弱关系性养老社会资本。可以说，就一个家庭来说，拥有多少家庭养老社会资本，对这个家庭老年成员的晚年生活是否能够获得保障与保障到什么程度有着直接的影响。

在中国传统社会，因为养老活动是由家庭来担负的，家庭养老属于社会最基本的养老形式，家庭养老社会资本的多少主要是通过拥有家庭内部养老社会资本的量来体现的，所以，扩大并且得到家庭内部养老社会资本是家庭繁衍的一个非常重要的目的。家庭结构核心化、家庭规模小型化、青壮年劳动者外出、儿女数量减少、子辈和父辈分家单过以及儿女不在身边等致使家庭内部养老社会资本快速地减少或者衰落，有些原本由儿女创建或者与子辈有着紧密联系的亲缘与姻缘关系没有办法或者极少能提供养老服务支持给父辈。

4. 家庭经济支付能力对老年人的社会化养老服务的获得有着严重的制约作用

在中国大部分农村，老年人一般会通过两种方式来获得养老服务的渠道：第一，依赖于家人或者家庭；第二，通过家庭进行购买。而在家人或者家庭不能直接提供养老服务的时候，人们通常会通过雇佣保姆或者从养老服务机构将服务购买下来的方式（比如前往养老院进行养老，或者雇佣专职养护人员来提供居家养老服务等）来得到社会化养老服务。但是，现在的问题在于：第一，中国农村大部分家庭由于生计与发展压力的原因，没有能力将昂贵的养老服务开支承担下来；第二，有些农村家庭就算拥有经济支付能力，却很难将合乎心意的养老服务购买下来或者根本就没有将养老服务购买下来的意识。

根据相关统计资料显示，2021 年，中国农村居民人均可支配收入 18 931 元，农村居民人均消费支出为 15 916 元，其中，衣、食、住的消费为 8154 元，在人均消费支出中所占的比例为 51%，尽管相较于 20 世纪 90 年代以前，衣、食、住等生活消费支出在消费支出中所占的比重下降了很多，但是如今依旧处在很高的水平。相较于此，尽管文教娱乐与医疗保健等消费支出比重有了一定的提高，但仍然是比较低的，2021 年在农村居民人均消费支出中所占的比例仅仅为 17%。

而且，站在农村居民家庭的经济支付能力的角度来看，2021 年农村居民年人均可支配收入将消费支出减去之后的余额仅仅为 3015 元，根据如今农村家庭的经济支付能力与农村劳动力市场上保姆的工资率，大部分家庭是难以将保姆或者养老服务机构提供的养老服务费用承担下来的。

此外，站在农村养老服务资源供给的角度来看，养老服务资源的稀少以及其相对比较高的市场价格，让很多农村家庭知难而退。

综上分析可以看出，中国农村家庭养老服务功能在社会不断变迁的过程中与人们家庭观念的改变、家庭结构核心化以及家庭规模小型化有着十分密切的联系，而且又与20世纪80年代中后期尤其是90年代以来经济体制进行转型等有着非常紧密的联系，这是社会发展过程当中不可能回避的。如果想要对家庭养老服务弱化影响农村老年人晚年生活进行弥补，如今可以通过对社会养老服务业进行培育与发展，通过创建家庭、社区以及社会“三位一体”的养老服务体系，来使农村老年人的生活与精神需求有所保障。

（二）社会化养老服务供给相对不足

像前文中所说的那样，所谓“社会化养老”，指的是养老资源从由家庭提供转变为由社会提供的过程以及由这个过程所导致的结果。社会化养老明确强调的是应当由家庭与社会（主要为政府）来对养老的经济责任进行分担。它不仅有效地消除家庭养老或许会带来过重家庭负担的问题，而且也能够有效地避免社会养老带来的政府负担太重的难题，可以从某种程度上对家庭与政府的养老负担进行分化。

作为社会化养老的主要内容，社会化养老服务既不会对在养老服务供给中家庭所占的基础地位进行回避，也不会对在养老服务供给方面社区与社会对于家庭的补充，甚至替代的作用进行回避。站在社会化养老服务的角度来看，家庭、社区与社会有效地配合起来，是对家庭养老服务功能进行补充的有效途径。

然而，从现在中国农村情况来看，农村社会生产力的发展仍需进一步提高、农村社会生产关系有待进一步优化，现代经济社会体制下社会福利政策存在区域差异，这对农村养老服务体系的建设提出了更高的要求，也对农村社会养老服务业的发展与成长提出了更高的要求。

根据相关统计资料显示，1990 年中国农村共有乡 44 397 个、镇 12 084 个、村委会 100.1 万个。到了 2000 年，乡的个数大大减少，为 24 555 个，镇的个数有所增加，为 20 312 个，而村委会的个数也有所减少，为 73.2 万个。到了 2020 年，乡的个数进一步减少，为 8809 个，镇的个数进一步增加，为 21 157 个，而村委会进一步减少，为 50.2 万个。从 1990 年到 2020 年这 30 年间，乡的个数减少了 35 588 个，镇的个数增加了 9073 个，而村委会则减少了 50.9 万个，这基本和改革开放以来中国的城镇化进程是一致的。

社会医疗服务及养老机构与文化娱乐方面，1990 年全国农村有 47 749 个乡（镇）卫生院、722 877 张床位、889 219 名卫生人员，有 803 956 个村卫生室、1 231 510 名医生与卫生人员。到了 2020 年，乡（镇）卫生院床位增加到了 139 万张，乡（镇）卫生院的数量减少到了 35 762 个，村卫生室减少到了 608 828 个，而乡村医生和卫生员则减少到了 79.55 万人，每千名年龄不小于 60 岁的农村老年人拥有乡（镇）卫生院床位从 1990 年的 9.92 张增加到了 11.4 张、拥有的医生和卫生人员数则从 12.21 人减至 6.55 人，在全国行政村中，建立了卫生室的村所占的比重从 1990 年的 86.2% 提高到了 88%。养老服务机构从 1990 年的 27 886 个增加到了 2013 年的 30 247 个，养老服务机构工作人员从 70 014 人增至 164 144 人，增幅分别为 8.47% 与 134.44%。乡镇文化站从 1990 年的 49 309 个减少到了 2020 年 32 825 个，减少了 33.4%，乡村集镇文化中心及群众业余演出团体数量则呈现出幅度极大的增加趋势，如表 2–4 所示。

表 2-4　1990 年以来中国农村医疗卫生、养老服务和文化娱乐条件变化情况

年份	医疗卫生					养老服务机构		文化娱乐		
	乡（镇）			村		机构数量（个）	工作人员（人）	文化站（个）	乡村集镇文化中心（个）	群众业余演出团体（个）*
	卫生院（个）	床位数（张）	卫生人员（人）	村卫生室（个）	医生和卫生人员（人）					
1990	47 749	722 877	889 219	803 956	1 231 510	27 886	70 014	49 309	12 269	54 141
1991	48 140	729 152	912 612	796 076	1 253 324	29 067	73 699	47 904	11 407	51 979
1992	46 117	732 754	930 406	796 523	1 269 061	26 472	70 339	44 863	12 187	46 945
1993	45 024	730 828	946 398	806 945	1 325 106	26 281	68 880	43 105	11 670	40 320
1994	51 929	732 390	1 029 478	813 529	1 323 701	25 205	66 053	43 383	12 471	36 967
1995	51 797	733 064	1 051 752	804 352	1 331 017	40 387	115 315	41 633	12 484	35 429
1996	51 277	734 745	1 077 291	755 565	1 316 095	40 130	116 846	39 121	19 626	28 993
1997	50 981	742 447	1 113 321	733 624	131 786	16 498	53 230	37 917	23 038	30 724
1998	50 071	737 693	1 139 744	728 788	1 327 633	39 377	117 478	39 811	21 994	20 133
1999	49 694	734 032	1 160 226	716 677	1 324 937	37 344	125 768	39 719	23 066	31 627
2000	49 229	734 807	1 169 826	709 458	1 319 357	26 419	78 586	39 348	22 171	36 151
2001	48 090	740 060	1 168 932	698 966	1 290 595	26 650	82 987	37 201	20 117	32 903
2002	44 992	671 295	1 065 276	698 966	1 290 595	25 697	83 229	36 054	21 706	34 103

续表

年份	医疗卫生					养老服务机构		文化娱乐		
	乡（镇）			村		机构数量（个）	工作人员（人）	文化站（个）	乡村集镇文化中心（个）	群众业余演出团体（个）*
	卫生院（个）	床位数（张）	卫生人员（人）	村卫生室（个）	医生和卫生人员（人）					
2003	44 279	672 741	1 057 463	514 920	867 778	24 343	81 263	35 138	21 621	37 659
2004	41 626	668 863	1 026 099	551 600	883 075	26 442	82 016	34 879	31 864	49 080
2005	40 907	678 240	1 012 006	583 209	916 532	29 681	88 745	34 593	19 866	68 641
2006	39 975	696 231	1 000 112	609 128	957 459	31 889	105 558	32 706	21 831	58 409
2007	39 876	747 156	1 032 921	613 855	931 761	35 075	131 875	32 976	23 995	67 998
2008	39 080	846 856	1 074 900	916 143	938 313	30 837	138 717	33 367	21 344	75 021
2009	38 475	933 424	1 131 052	632 770	1 050 991	31 286	136 005	33 378	–	259 608
2010	37 836	994 329	1 151 349	648 424	1 091 863	31 472	141 636	34 121	–	304 505
2011	37 295	1 026 251	1 165 996	662 894	1 126 443	32 140	152 000	34 139	–	267 844
2012	37 097	1 099 262	1 204 996	653 000	1 094 419	32 787	159 000	34 101	–	303 342
2013	37 015	1 136 492	1 233 858	648 619	1 081 063	30 247	164 144	34 343	–	342 649
⋮	⋮	⋮	⋮	⋮	⋮	⋮	⋮	⋮	⋮	⋮
2020	35 762	1 390 325	–	608 828	–	–	–	32 825	–	454 647

注：*2009 年后，群众业余文化团体包括乡镇综合文化站所指导团体。

从老年人所拥有的社会养老服务资源状况来看，2000年，全国每万名年龄不小于60岁的农村老年人拥有5.75个乡（镇）卫生院、85.87张床位、136.71名卫生机构人员。在行政村中，96.9%的村建立了村卫生室，平均每个乡村医生需要负责大约84个年龄不小于60岁的农村老年人，平均每个农村养老服务机构需要承担3346个年龄不小于60岁的老年人，每个乡镇文化站需要承担2175人。到2013年，每万名年龄不小于60岁的农村老年人所拥有的乡（镇）卫生院数量不仅没有增加，反而下降到了3.48个，所拥有的床位数则增加到了106.83张，所拥有的卫生机构人员减少到了115.99人。在行政村中，有93.0%的村建立了卫生室，平均每名乡村医生负责98个年龄不小于60岁的老年人，平均每个农村养老服务机构需要承担3517人，每个乡镇文化站需要承担3097个年龄不小于60岁的老年人。

由此可以看出，除了每万名农村老年人所拥有的乡镇卫生院床位数量有了一定的增加之外，其他养老服务资源的平均拥有量不但没有增加，反而有所减少。而且，从2000年以来呈现出来的趋势来看，尽管中央与地方各级政府在近年来不断地加大对社会养老服务的政策与经济的支持力度，尤其是加大物力与人力方面的支持，但是，因为农村人口老龄化的速度很快、增量很大，从而促使社会养老服务需求和供给之间的矛盾变得更加突出。

（三）农村养老服务资源并没有被充分发掘、整合及有效利用

养老服务是一个涉及了多方面的劳务与情感支持过程，比如日常生活照顾、心理与精神安慰、疾病护理与康复等，所以，养老服务资源不仅涉及了物力与财力资源，而且也牵涉到了人力与组织资源。其中，养老服务的物力资源，指的是提供养老服务肯定需要的公共活动场所（包含着房屋、活动场地等）、设施设备以及辅助性器材等，它是开展农村养老服务的基本载体与实现手段；养老服务的财力资源指的主要是建立养老服务设施、购买设备、养老服务项目的供给以及服务机构的运行、服务活动的管理以及人员培训等一定需要的资金，它是开展农村养老服务，并且使之持续发展下去的必要物质基础；养老服务的人力资源指的是从事或者参加养老服务的人的数量、质量以及内部组成等，它是开展养老服务，并且使之持续发展下去的唯一能动要素，对养老服务的供给能力与质量等有着直接的影响与决定性的作用，主要包括专业技术人员、养老服务管理人员以及志愿者等；而养老服务的组织资源指的则是为养老服务开展提供政策、技术以及管理等支持

的一切组织，不仅包含着与养老服务法规与政策供给、经费划拨、人员培训以及监督考评等有着紧密关系的政府与非政府部门，而且也包括直接提供与管理养老服务的养老服务机构、农村社区党群组织、社团与志愿者组织以及村民自治组织等，是农村养老服务有条不紊与可持续开展的组织保证。具体到农村，其养老服务资源主要涉及到了农村养老服务组织运营与管理经费以及购买养老服务的费用、农村养老服务基础设施与公共活动场所建设用地、房屋、养老服务管理人员以及专业与非专业服务人员、养老服务设施设备与辅助性器材、包括直接管理与间接管理在内的养老服务管理与服务组织等。

（四）服务供给方与供给模式比较单一

若想使老年人各方面养老需求都得到满足，前提条件就是多主体、多层次、多样化的服务供给。长时间以来，因为社会化养老服务没有有效地在农村得到培育与发展，农村老年人的生活照顾、精神安慰以及疾病护理等都主要依靠家庭，政府民政部门与村队集体的工作重点在“五保”老人与军烈属家庭老人等的供养上，而且侧重于基本生活照顾与物质性供给，以保证他们的衣、食、住、医等基本需求得到满足为主，因此，养老服务社会或者社区供给存在着局限性，大部分农村老年人还没有充分享受到政府与村社集体提供的养老服务的权利。

根据相关资料统计显示，2013 年农村“五保”分散供养老年人达到了 300.78 万人，年人均供养费为 2084 元，集中供养老年人达到了 163.69 万人，年人均供养费为 3125 元，在同期农村老年人中，分散与集中供养老年人数所占的比重仅仅为 4.37%，而且人均费用全都很低。而与农村养老保障、基本公共服务供给能力严重不足或者缺乏形成明显对比的是，近 20 年来农村的独居、空巢、高龄以及失能老年人却逐年增多，养老服务的需求数量、需求类型以及需求层次等也都跟着农村家庭的经济能力、老年人的文化程度等的提升而持续地变化着，单一的养老服务供给主体与供给模式已经不能够使农村老年人持续变化与增加的养老服务需求得到满足了。

第六次全国人口普查数据显示，2010 年中国农村拥有 1028.73 万户年龄不小于 60 岁的独居老人户，拥有 1129.87 万户年龄不小于 60 岁的一对老年夫妇户，拥有 812.19 万户年龄不小于 65 岁的独居老人户与 683.60 万户年龄不小于 65 岁的一对老年夫妇户，相较于第五次全国人口普查时，分别增长了 319.24 万户与 210.22 万户，年均增长速度分别为 5.12% 与 3.74%。2013 年中国农村拥有 1272 万年龄不小于 80 岁的高龄老人，相较于 2000 年，净增加了 454 万人，年均增长速度为 3.45%；第六次全国人口普查时农村拥有 329.35 万失能老人，老年人无法自理率为 3.32%。

独居、空巢、高龄以及失能老年人的迅速增长以及其家庭经济能力与文化程度的提升，在促使养老服务需求数量、层次与类型不断增长与变化的同时，也对农村养老服务供给能力提出了更高的要求，供给主体与供给模式则需要更加多样化。

第四节　中国乡村养老服务的供给侧改革

对于已经步入老龄化社会的中国来说，不管是养老工作的发展，还是养老事业的发展，都对社会的进步有着至关重要的作用。根据相关调查显示，2015 年，城市享受到医疗保障的老年人比例为 98.9%，乡村享受到医疗保障的老年人比例为 98.6%，医疗保障制度几乎已经实现了老年人口全覆盖。然而中国老龄工作与老龄事业依旧存在着一些问题与短板，还很难与人口老龄化迅速发展的客观需求相适应。

一方面，老年人口的数量不断地增长，人口老龄化程度也不断地加深，并且老年人总体收入水平总体不算高，贫困与收入比较低的老年人仍然有很多。另一方面，老年人的健康情况也不容乐观，2015 年，全国老年总人口数为4063万，而城乡失能、半失能老年人在其中所占的比重为18.3%，老年人精神安慰服务缺乏，农村老年人精神寂寞问题非常突出。而对老龄事业发展起到促进的老龄服务业在发展过程中并非是平衡的，供与求之间仍然存在着矛盾，老年居住环境建设落后，老年康养医疗水平还有着很大的提升空间，而上述问题，在中国农村比较明显。

在第三届中国社会养老创新发展论坛上，中国农业经济学会会长——尹成杰这样说道："我国有超过5000万农村留守老人，随着大量农村青壮年劳动力转移进城，农村人口老龄化速度加快，农村养老特别是留守老人的养老矛盾比较突出，养老服务供给侧结构性改革迫在眉睫。"

截至2016年底，中国年龄不小于65周岁的老年人口数量高达1.5亿，在总人口中所占的比例为10.8%，已经严重地超出了国际老龄化标准。然而，现在中国每千名老人大约拥有31张养老床位，城市日间照顾社区覆盖率约为75%，农村覆盖率约为40%，床位的整体缺口在200万张以上，急切地需要进行补充。另外，中国如今已经拥有将近2000万年龄不小于65岁的农村留守老人。随着城市化进程的不断加深，愈来愈多的农民工开始前往城市打工，有的农村甚至整个全村皆为老人与孩子，根本无法找到一个青壮年。相关调查还显示，依靠自身的劳动进行自养的留守老人有 80.9%，可是从事农业生产或者别的副业的自我劳动收入通常只能够使基本生活需求得到满足，达不到自养的程度。倘若不能够顺利地将农村的养老矛盾解决，将会对农村的发展与新农村建设产生不利的影响。

2013 年以来，国务院和地方政府相继发布了加快发展养老服务业的政策、规划与实施意见。2015 年的中央一号文件，更是强调："农业必须强，农民必须富，农村必须美。""十三五"期间国家老龄事业的发展以居家作为基础、机构作为补充、社区作为依托、医养相结合的养老服务体系作为重点工作。

中国已在 2020 年全面建成小康社会，并积极主动地应对人口老龄化，加快养老服务业的发展速度，对农村服务业的发展进行完善，进一步满足老年人持续增长的养老服务需求，是全面建设社会主义现代化国家新征程非常重要且紧急的任务。

目前，农村老人主要有 3 种养老方式，即社会保险养老、家庭养老以及土地养老（某些农村老人还包括社会救助）。可是因为农村社会保障体系不够完善，相较于城镇退休老人，农村老人的经济水平相对较弱，普遍不具备退休金，有 80.9% 的留守老人需凭借自身的劳动进行自养。除了家庭养老以外，农村养老服务发展急切地需要多方力量的肯定与支持。

从根本上来说，养老保障是一项需要将全社会力量都动员起来，才可能高质量完成的超级公共事务。其中，不管是政府、社会，还是家庭、个人，甚至是企业、市场，都应该发挥其积极的作用，一起建设养老保障体系。在促进养老保障事业发展上，尽管各类责任主体的作用都是不可替代的，可是相对来说，政府所占的责任更大，担当也应该更大，发挥的作用也应该更积极。与此同时，在发展过程中也需要供给侧改革的支持。一方面，如果想要将农村养老的困局解决，公共财政应当在一定程度上向农村、农民倾斜；另一方面，积极地发展新型农村养老之路，努力地发展养老服务产业，并且对社会养老模式进行创新。

专家建议，需要加快乡镇养老院转型为区域性养老服务中心的进程，在建设农村居家养老服务中心的时候，应当广泛地对闲置资源，比如废弃校舍等，进行利用，让农村老人在自己家中也能够享有生活照顾、精神安慰、家政服务以及康复护理等方面的服务，享有“白天统一照顾、晚上分散居住”的便利，最大范围地使他们“离家不离邻，离户不离村”的要求得到满足，创建成本比较低、覆盖比较广、就地入住以及服务灵活的农村养老体系。

重庆市渝北区：多措并举破解农村养老服务困局

渝北位于重庆主城北大门，幅员面积1452平方公里，含11个街道11个镇，大都市大农村特点显著。户籍人口108.56万人，其中农村人口47.51万人，60周岁以上人口11.21万人，农村老龄化率达23.6%。随着经济社会的发展，农村养老服务发展与人民群众日益增长的养老需求不平衡、不充分的问题日渐突出，比如，农村老年人居住分散、设施布局滞后，服务人员专业性差、服务质量不高，农村养老氛围欠缺、持续发展动力不足等。渝北区坚持问题导向，从三个方面着力破解困局，推动农村养老服务可持续发展。

“硬件＋软件”同重并举，破解“设施供给困局”

针对部分镇城市化情况，采取一镇一策，按照街道养老服务中心标准建设并按照街道级标准安排补助资金，保证中心建设标准化、适老化、品质化；合理利用养老资源，针对农村老年人居住分散的实际情况，按照人口密度布局村级互助养老点及养老分点；各镇采取“政府解决一点、村集体经济自筹一点、老年人出一点”方式拓展运营经费，把托底老年人集中安置在新农村建设聚居点，实现抱团养老，并临近建设互助养老点，实现助养、助餐、助娱等功能。

“线上＋线下”充分联动破解“服务保障困局”

建立集基础涉老数据库、养老设施管理等为一体的区级智慧养老云平台，实时掌握、实时监管养老服务中心和农村老年人情况；线上搭建呼叫中心，配备专业话务员，将留守老年人纳入服务范围，提供线上服务8万余人次；按照就近就便原则，安排助老员线下开展点对点上门服务3万余人次，实施紧急救援7次；针对留守老年人普遍存在的精神慰藉缺失等情况，村社牵头定期探访，及时掌握最新动态，同时组织社工对其进行情绪调适和心理疏导，链接志愿者资源，为他们送陪伴、送关怀、送健康、送平安。

“流动＋互助”激活春水 破解“持续发展困局”

依托社工专业力量，探索农村互助养老新模式，以互助养老点和分点为平台，组建由养老专干、养老助理、互助养老小组、志愿者、社工等组成的互助养老服务队伍，充实养老工作力量；建立互助养老积分制度，设置结对帮扶积分、互帮互助积分，开展居家照料、代买代缴等公益性服务，并结合福彩公益金、慈善资金落实积分兑换，挖掘和撬动低龄活力老年人互助热情，保障互助养老可持续运行。

第三章

乡村居家养老产业的商业模式

第一节 加快发展居家养老服务

居家养老服务是养老服务体系建设的基础。民政部、教育部、财政部、卫生计生委等部门十分重视居家养老在养老服务体系建设中的基础性地位，积极推动完善居家养老政策法规、建立投资主体多元化、服务对象公众化、服务功能全面化、服务平台信息化、服务供给多元化的居家养老服务发展格局。

一、完善居家养老政策法规

在法律建设方面，2012 年新修订了《中华人民共和国老年人权益保障法》，明确提出国家建立和完善以居家为基础、社区为依托、机构为支撑的社会养老服务体系。北京、天津、河北、浙江、江苏、宁夏、青岛等地制定了养老服务促进条例或居家养老服务条例等专项地方性法规。在规划建设方面,《社会养老服务体系建设规划(2011—2015年)》《"十三五"国家老龄事业发展和养老体系建设规划》提出了进一步夯实居家社区养老服务基础,开展居家社区养老服务工程。在政策文件方面,全国老龄办、民政部等十部门联合印发了《关于全面推进居家养老服务工作的意见》,国务院印发了《国务院关于加快发展养老服务业的若干意见》,进一步明确了大力发展居家养老服务的任务要求。在标准规范方面,民政部参与编制了《社区老年人日间照料中心建设标准》,颁布了《老年人能力评估》等行业标准,报请国家标准委发布了《社区老年人日间照料中心服务基本要求》《社区老年人日间照料中心设施设备配置》等国家标准。各地也制定了一系列相配套的规范和标准,推动居家养老服务规范发展。

二、加大社区居家服务资金保障

截至2016年底,全国有27个省份出台了高龄津贴政策,惠及2355.4万老年人,比上年增长9.3%;20个省份建立了养老服务补贴制度,惠及282.9万老年人,比上年增长 9.7%；17 个省份建立了老年人护理补贴制度，惠及 40.5 万老年人，比上年增长 52.8%。2013—2015 年，中央专项彩票公益金安排 30 亿元，支持建设 10 万个农村互助幸福院。“十二五”以来，协调安排中央预算内资金 110 多亿元、民政部本级福利彩票公益金 55 亿元支持地方养老服务设施建设。2016 年，中央财政安排福彩公益金 13.1 亿元；2017 年，安排 13.2 亿元，支持城镇社区福利机构、社区养老服务设施、农村五保供养设施、光荣院、优抚医院等设施设备改扩建及更新改造。“十三五”期间，中央财政每年安排中央专项彩票公益金 10 亿元，通过以奖代补方式，支持开展居家和社区养老服务改革试点，发挥居家和社区养老服务的典型示范作用。2016 年，通过评审遴选确定了 26 个地区作为首批试点地区。财政部支持地方设立养老服务产业发展基金。2014 年，财政部会同商务部启动以市场化方式支持养老服务产业发展。2014—2015 年，中央财政共安排 48 亿元，支持吉林、山东等 8 省设立养老服务产业发展基金。基金重点投向居家养老、社区养老、培育有竞争力的品牌养老企业和中小养老企业、推动养老服务与家庭、医疗等融合发展。其中，投入居家养老、社区综合服务、大众化集中养老等面向大众的养老服务产业比例不低于 60%。

三、促进社会力量参与社区居家养老服务

民政部先后推动出台了《关于鼓励民间资本参与养老服务业发展的实施意见》《关于金融支持养老服务业加快发展的指导意见》等文件，明确提出“支持建立以企业和机构为主体、社区为纽带、满足老年人各种服务需求的居家养老服务网络”。这些政策为社会力量参与养老服务业发展在投融资、用地等方面提供了有力支持。各地立足实际，在居家养老中探索建立政府购买服务制度，依托社区服务设施和服务组织，采取资金保障和服务保障相结合的方式，以提供补贴、发放服务券、购买服务等形式，为符合条件的老人提供有偿、低偿和无偿等不同内容的服务。探索对社区养老服务组织予以资助，对于社会力量兴办的社区养老服务机构和服务组织分别给予开办补助或者运营补贴。

“这两年，要是没有政府购买养老服务卡，我哪儿有现在的精神头儿啊。我得给政府点个‘赞’！”家住桥西区旭城花园的孟阿姨这样说。

孟阿姨今年64岁，老伴因脑梗导致半身不遂，生活不能自理，孩子平时不在身边。“要是没这张卡，我自己也得被老伴儿拖垮了。”孟阿姨说只要她需要助洁、助餐、

助浴服务，拨打12349电话，社区工作人员就会上门为她提供相应的服务。同一个小区的张奶奶今年89岁高龄，平时坐轮椅，张奶奶说："政府每月向卡里头打500块钱，服务工只要用手机往这卡上一照就妥啦。"

为解决特定群体的养老问题，2014年10月，石家庄市民政局、财政局联合出台政府购买社区居家养老服务政策，对"三无"老人（没有劳动能力、没有收入来源、没有法定赡养人或抚养人的老年人）、低保老人、社会孤老、重度失能老人和90周岁及以上高龄老人，分别按照300元/月、100元/月、200元/月、500元/月、200元/月给予服务补助。

"从民政部门的调查来看，多数老人在养老选择上还是'不愿意离开家'。"石家庄市民政局社会福利和慈善事业处工作人员说。为此，2014年初，石家庄市政府将"提升社区居家养老服务功能"列为政府工作的年度"十件实事"之一，着手构建"政府主导、组织运作、社会参与、家庭负责"的社区养老格局，优先服务政府托底老人，逐步建立和完善政府购买服务、志愿者公益服务和市场化相结合的居家养老服务体系。

石家庄市财政部门经过深入调研，反复思考，多方比对，最终确立了"一张卡，一个呼叫服务中心，一套信息化管理系统"的政府购买居家养老服务模式。这种模式是把来自民政、财政、社会和市场的资源聚集在一起，避免交叉管理和重复建设，节约了大量的社会资源，让政府、养老服务提供者、老人三方都受益。

在12349呼叫服务大厅，有36个坐席、365天无休，每天都要为全市1.7万享受政府购买服务的老人提供帮助，中心日均呼叫量在2000次左右。

这是河北省首家政府购买服务的呼叫中心，仅接线员工资一项，每年财政支出100多万元，而政府购买服务卡一项，每年财政支出则将近5000万元。

政府购买服务吸引了很多服务公司。通过公开招标，符合条件的社会养老服务机构进入采购目录，为老人提供康复保健、紧急援助、生活照料、精神慰藉、法律维权、文化娱乐六大类服务。经过竞标，石家庄市最终确定了十几家质量、口碑、资质都过硬的服务商。更多不符合使用政府购买服务卡条件的老年人，也可以通过拨打养老服务中心的电话，获得同等价格同样的服务。

财政部落实税费优惠政策，支持社区居家养老服务业发展。一是加快推进政府购买养老服务，创新基本养老服务提供方式。财政部会同有关部门印发了《关于做好政府购买养老服务工作的通知》，提出各地要转变养老服务提供方式，在养老服务领域大力推广政府购买服务方式，提供基本养老服务，逐步使社会力量成为发展养老服务的主体，培育专业化的养老服务组织。二是制定出台税费优惠政策。财政部会同国家税务总局印发《关于支持文化服务出口等营业税政策的通知》，进一步明确了享受免征营业税的养老机构和养老服务范围，更好地发挥税收政策鼓励民间资本投资养老服务业的引导作用。

四、促进医养结合发展

民政部会同卫生计生委提请国务院印发了《关于推进医疗卫生与养老服务相结合指导意见》，联合印发了《关于印发医养结合重点任务分工方案的通知》和《关于做好医养结合服务机构许可工作的通知》等文件，开展了健康养老重大工程、养老机构远程医疗合作试点等，积极推进医养结合工作。

卫生计生委着力加强老年健康工作。一是完善政策体系。联合 13 部门印发了《“十三五”健康老龄化规划》，发布《老年人健康核心信息》《老年人家庭保健与照护指南》，联合全国老龄办出版《中国老年人健康指南》，倡导健康生活方式，提高老年人日常保健和疾病预防的意识和能力；印发《护理员培训大纲》《护理员基本标准》《安宁疗护中心基本标准和管理规范》《安宁疗护实践指南》等，组织研究《为居家老年人提供上门医疗服务规范》《失智老人家庭照护培训指南研究》等，进一步规范医养结合机构的服务和管理。二是重点关注失能失智老年人，开展有针对性的健康养老服务。开展“计划生育家庭养老照护试点工作”，帮助计划生育家庭，特别是有失能老年人的计划生育家庭，开展有针对性的生活照料、照顾护理、家庭保健、紧急救援等活动，解决居家养老照护方面的现实困难和实际问题。三是深入推进家庭医生签约服务，通过家庭医生签约服务团队为老年人提供基本医疗、公共卫生和健康管理服务，鼓励家庭医生签约服务团队为老年人提供上门服务。联合国务院医改办等部门印发了《关于印发推进家庭医生签约服务指导意见的通知》，提出家庭签约服务优先覆盖老年人等人群，2017 年，家庭医生签约服务率达到 30% 以上，重点人群签约覆盖率达 60% 以上。

五、加强居家养老服务人才队伍建设

提供多样化的居家养老服务、提高服务质量与管理水平的关键因素是人才。国务院印发了《关于加强职业培训促进就业的意见》，要求重点发挥企业和院校产学结合的作用，加强职业技能培训、在岗技能提升培训、创业培训，着力提高培训质量，使经过培训的劳动者都能掌握一项实用技能，提高培训后的就业率，促进有意愿从事老年护理工作的劳动者向该领域转移。民政部配合教育部出台了《关于加快推进养老服务业人才培养的意见》，以促进就业为导向，按照“积极发展、多种形式、全面加强、突出重点”的原则，大力发展养老服务相关专业，不断扩大人才培养规模，积极开展岗位培训和在职远程教育培训。

教育部围绕立德树人的根本任务，主动适应养老事业发展需求，多措并举、综合施策，大力加强养老服务专业建设，培育建设养老服务示范专业点，持续强化行业指导和实训基地建设，为居家养老服务事业发展提供了有力的人才保障和智力支持。一是大力支持养老服务相关专业建设。以项目资助为抓手，推动各地相关学校加强养老服务专业建设。自 2006 年起，教育部启动“国家示范性高等职业院校建设计划”，累计投入 6900 万元，支持长沙民政职业技术学院、大连职业技术学院和江苏经贸职业技术学院重点加强包括老年服务与管理专业在内的 15 个专业建设；实施“高等职业学校提升专业服务产业发展能力项目”，累计投入资金 619 万元，支持北京劳动保障职业学院等 3 所院校加强老年服务与管理专业建设；实施“职业教育实训基地项目”，累计投入470万元，支持大连职业技术学院等3所院校建设老年服务与管理专业、老年护理实训基地；实施“职业教育专业教学资源库”计划，累计投入2150万元，建设多个与服务老年人有关的项目。2016年，共有143所高等职业学校开设老年服务与管理专业，年招生总数4023人，较2015年增长46.2%。2017年，全国共有156所高等职业学校备案开设老年服务与管理专业，招生人数9658人，有力地保证了养老服务行业人才供给。二是优化养老服务相关专业设置。在《中等职业学校专业目录（2010年修订）》中，专门设立护理（老年护理与服务方向）、老年人服务与管理等专业。在《普通高等学校高等职业教育（专科）专业目录（2015年）》中，专门设置了护理、康复治疗技术、医学营养、老年服务与管理、老年保健与管理等专业，增设了老年护理、养老护理与管理、养老产业经营管理、老年辅具应用等专业方向，逐步形成了较为完善的专业体系。三是以示范专业点为引领，不断提升全国职业院校养老服务专业建设水平。2016年6月，教育部会同民政部、国家卫生计生委、国家食品药品监管总局、国家中医药管理局，共同确定北京社会管理职业学院的老年服务与管理专业等65个专业点为首批全国职业院校养老服务类示范专业点，北京卫生职业学院的护理专业等76个专业点为首批全国职业院校健康服务类示范专业点，推动相关职业院校在更大范围内发挥示范引领作用。四是稳步推进养老服务实训基地建设。以合作共建为主要方式，推动学校与各类养老服务机构联合建设养老服务实训基地。目前，共有155所职业院校与608家养老机构、医院和企业等，共同建设了500个融教学、培训、职业鉴定和老年护理服务等为一体的养老服务实训基地。其中，高职院校共建设了55个校内养老服务专业实训基地、308个校外养老服务专业实训基地；中职学校共建设了16个校内养老服务专业实训基地、121个校外养老服务专业实训基地，基本满足了养老服务人才实习实训需求。五是着力加强养老服务行业指导。2015年，教育部联合民政部完成了新一届民政职业教育教学指导委员会的换届工作。以政府购买服务方式，委托行业组织企业与职业院校共同制定老年社会工作人才需求与职业院校专业设置指导报告，引导职业院校围绕区域产业发展实际，科学合理设置专业，进一步提高养老服务人才培养质量。

铺开“三张网”打造智慧居家养老工程

近年来，威海市为积极应对人口老龄化，把“智慧养老”作为优化提升养老服务的新引擎和新动能，作为为老年人提供优质养老服务的重要手段，纳入“智慧城市”建设整体统筹规划，高站位推进，大力推广“互联网 +”“物联网 +”居家社区养老服务模式，有效解决智慧养老需求难对接、服务难落地、质量难监管问题。

搭建“政府 + 市场 + 社会”全方位聚力的“信息网”，有效破解智慧养老需求对接难。一是坚持政府主导，打造“1+2+N”智慧养老信息体系。“1”是指投入 1100 万元，采用“新三网”融合技术、整合各类养老服务资源，建成全省首个市域一体、覆盖城乡的市级综合养老服务信息平台。“2”是指通过打造大数据库、开通居家养老服务热线，实现养老服务供给与居家老年人需求的精准对接。目前，政府对 21 万入网老年人每户每月补贴 10 元话费，发放具有“SOS 一键呼救、服务一键联通”功能的老年话机，热线在网用户达 82 万人。“N”是指市级综合养老服务信息平台不断升级，实现功能拓展，已发展成为涵盖智慧化服务体系、智慧化管理体系、智慧化营销体系、智慧化运营体系四大体系，连接政府、加盟商、养老服务组织、老人、子女五大群体，汇集养老地图、主动关怀、防走失智能监管等 15 个功能于一体的一站式养老服务信息体系。

织密“生活照料 + 医疗健康 + 精神慰藉”全天候响应

的“服务网”，有效破解智慧养老服务落地难。居家养老服务热线整合各类服务加盟企业3258家，面向居家老年人，提供生活服务类、生活咨询类、政府购买服务类和紧急救助服务四大类二百余项服务。只需一个电话，专业的照护服务就会派送到家。在电话语音服务的基础上，开发微信小程序、居家服务查询一体机、网上商城、手机APP等多渠道开展服务。创新实施政府购买服务，通过市级综合养老服务信息平台，为低保、特困、重点优抚对象等六类困难群体，每人每月提供30～60小时（600～1200元）的助餐、助洁、助行、助浴、助医服务，累计服务老年人300多万人次。实施失智老年人防走失行动，将智能手环监管平台嵌入到110接处警平台，已发放智能手环1880部，实现电子围栏报警4789例，成功帮助165位老人安全回家。

筑牢“标准化＋精准化＋规范化”全过程管理的“保障网”，有效破解智慧养老服务监管难。一是推行标准化建设。针对各项居家养老上门服务，先后制定368项标准，被确定为国家级服务业标准化试点单位。对加盟企业服务情况实行100%电话回访，建立信用奖惩制度，对回访满意率高、服务质量好、信誉度高的企业进行奖励，反之纳入诚信黑名单。二是实施精准化管理。强化政府购买服务主体事前、事中、事后的监督管理，对政府购买居家养老服务对象实行“一人一码”，工作人员上门“扫码服务”，确认位置、时长和质量，确保居家服务落实落地。投入360万元打造智慧消防养老平台，对全市社区日间照料场所的用电安全、消防防水系统、燃气使用情况进行24小时实时监测和智能风险管理。三是实施规范化管理。合理配置养老服务资源，建立规范化智慧养老服务长效监管机制。如对全市799处城乡老年餐桌进行信息化监管，实行“刷脸”就餐，对餐厅布点、套餐销售情况、总销售额等数据利用智慧大屏进行实时监测，对厨房等重要部位全程布控，保证老人放心享用“一餐热饭”。

第二节 新旅游形式与乡村养老旅游

所谓“乡村旅游”，是指一种以旅游度假作为宗旨，以村庄野外作为空间，以生态无破坏、人文无干扰、“野行为”与游居作为特色的村野旅游形式。

伴随着乡村旅游的快速发展与“旅游+”时代的到来，近几年提出了不少围绕乡村旅游的新理论与新概念，比如，诗意栖居、场景时代、轻建设、野行、游居、居游以及第二居所等，新理论与新概念的提出使得乡村旅游的内容更加丰富，形式更加多元化，有效地缓解了乡村旅游同质化一天比一天严重的问题。

对于国民经济与现代服务业来说，旅游业是其至关重要的组成部分，怎样使乡村旅游与老年人养老结合在一起，对新旅游形式进行探索，有着十分重大的研究意义。

一、乡村养老旅游的解读

不管乡村旅游，还是养老旅游，其概念的界定是比较一致的，乡村养老旅游属于一种新型旅游形式，是乡村旅游和养老旅游相结合，不同于普通乡村旅游活动的旅游形式。乡村养老旅游的主要目标并非对乡村的风土人情进行体验，而是老年群体考虑到自己的健康，选择前往风景美丽、环境宜人的更适于老年人养老的乡村旅游地进行异地养老，在进行疗养与养老的过程中，对乡村的风景以及风土人情进行体验。

因此，乡村养老旅游的概念可以归结为：老年人考虑到健康、疗养而前往异地乡村进行暂时居住、旅行以及游览的活动。

二、乡村养老旅游产业的发展势不可挡

（一）有助于缓解社会养老压力

一方面，中国的人口结构出现了新的变化，老年人口增长的速度非常快，中国早已跨入了老龄化社会。相较于中国老龄人口的总量，社会养老机构的缺口是相当大的；另一方面，中国家庭结构也发生了很大的变化，年轻人赡

养老人的压力不断增长，家庭养老功能将会持续地弱化，社会养老模式肯定会向多元化方向进行发展，开发乡村养老旅游，能够对养老服务机构与设施进行进一步的补充，这毫无疑问地能够促使社会养老压力得到较好的缓解。

（二）有助于满足老年人健康与心理方面的需求

相较于其他游客群体，老年游客是不一样的，其旅游动机大部分并非求新求异，而是对往事、故人等进行缅怀、对美丽事物进行追求以及对疗养健康进行寻求，尤其是不少老年人在乡村出生、成长，对乡村有着非常浓厚的亲切感与归属感。在中国，不少乡村旅游地拥有良好的生态环境、美丽的自然风景以及舒适宜人的气候，这对于老年人健康养生有着很大的帮助。而且老年人在户外与大自然亲近，尽情享受自然的美丽时，还能够通过适度的体力劳动，比如养花、种菜等，促使自己的身体变得更加健康。相较于纯粹的娱乐，这类积极的生活态度有着更大的意义，开发乡村养老旅游能够满足老年人追求安逸、自然以及健康的心理需求。

（三）有助于实现旅游扶贫，提高旅游目的地居民的收入

开发旅游活动，可以促使旅游目的地就业岗位得以增加，提高居民的收入水平，对于农村扶贫开发来说，发展

乡村养老旅游是一个十分重要的渠道。中国乡村旅游资源丰富，市场空间广阔。乡村旅游扶贫是农村扶贫开发的重要渠道。为推动乡村旅游转型升级，发挥乡村旅游扶贫的积极作用，将开展乡村旅游“千千万万”品牌推介行动（1千个乡村旅游模范村，1千个乡村旅游模范户，1万个乡村旅游致富带头人，1万家金牌农家乐）；继续开展乡村旅游村官培训，从2014—2020年计划培训6000名村干部；开展旅游规划扶贫公益行动；加大对乡村旅游扶贫重点村规划指导、专业培训、宣传推广、规划帮扶，对建档立卡贫困村实施整村扶持。每年通过乡村旅游带动全国200万农村贫困人口的脱贫任务，2020年全国7017万贫困人口的17%（1200万人），通过旅游实现脱贫。

作为一种全新的模式，乡村养老旅游不仅可以有效地将“城市病”予以解决，而且也能够为扶贫开拓出一条新的道路。乡村养老旅游将农村所具备的独特优势充分地发挥了出来，对于农业的多项功能进行了深入的挖掘，对农村的新产业与新业态进行了良好的培育，并且使之壮大起来，从而有效地促进了农业和养老、旅游和休闲度假等产业的融合与发展，让广阔的农村地区变成了可以充分发挥才能、作出很大成绩的天地，为农民不断地增加收入，农业的可持续性发展增添了新活力。

第三节　开发与建设生态休闲养老乡村

2015年北京怀柔区田仙峪国奥颐悦乡村休闲养老社区正式运营，成为北京市首个农村休闲养老社区。社区采取的是农村闲置房屋所有权、使用权、经营权“三权分离”的原则，“农户+合作社+企业”的经营模式，建立起了“农民所有、合作社使用、企业经营、政府管理服务”四位一体的运行机制。社区共流转和改造了院落30处，每处都充分体现出乡居韵味，走进社区，随处可见茶道、戏曲、中医等不同的文化元素，让社区在“乡趣儿”与“潮范儿”中有了平衡。外表味道十足，内部装修则突出“洋气”，功能完善性和便捷程度全部符合现代家居的标准，老人生活十分方便。

随着经济发展，城市出现的空气污染、交通拥堵、生态破坏等问题，让人们更加渴望拥有生态、绿色、环保、宁静的生活环境，更加希望回归自然、返朴归真的生活，因而生态休闲养老也逐步成为了人们追求的时尚，成为养老消费的流行趋势。

一、生态休闲养老乡村建设的意义

（一）加快养老经济发展的现实需要

加快生态休闲养老乡村建设，着力发展特色养老项目，有利于全面提升社会主义新农村发展水平，增加农民收入，提升农民的幸福指数。

（二）农村产业结构调整的现实需要

产业结构是经济结构中最关键的部分，目前来看制约农村经济发展的关键性因素还在于农村经济结构的不合理，加快生态休闲养老乡村建设能帮助促进农业结构变化，增加农村三产发展，进一步调整农村产业结构，进而为产业结构调整添砖加瓦。

二、生态休闲养老乡村建设的现实基础

（一）乡村环境资源的绝对优势

不言而喻，生态休闲养老乡村建设的关键就是环境和

资源。中国广大乡村具有丰富的优质自然资源，很多乡村森林、水资源等丰富，加上乡村交通建设取得了巨大进步，很多以前偏僻难行的乡村，现在也都通上了宽阔的公路，优质的生态环境，形成了生态休闲养老乡村建设最为需要的环境基础，可以说是最重要的优势。

（二）乡村旅游产业迅猛发展

近年来，乡村旅游产业取得了长足发展，各地建设了许多农业生态游园，为游客提供观光、体验、休闲、娱乐、度假、购物等多种活动的服务和场所，有利于缓解人们紧张工作和学习的压力，有利于放松身心、陶冶性情，有利于体验与互动，有利于参观与学习。旅游知名度的不断提高和游客流量的日益增加，为生态休闲养老乡村建设带来强劲的后发动力。

三、生态休闲养老乡村建设面临的问题与挑战

（一）规划不到位

虽然很多乡村根据自身情况制定了生态休闲养老乡村建设规划，但在具体实施过程中，很多规划不系统，如在村级层面没有村庄建设规划和建房规划，导致农村建房总体较为混乱，而部分乡村由于没有充分地去发掘本地资源

优势、地方特色、人文风情等要素，虽然编制了规划，却不能体现村庄的独特性，规划简单粗糙，指导意义不强。

（二）基础设施薄弱

近年来，中国乡村基础设施建设有了较为明显的改善，但与城镇相比仍有较大差距。在村庄卫生保洁、设施维护、绿化养护等方面缺乏长效管护，重复建设和资源浪费等问题依然存在，造成总量不足、设备简陋、共享率低等，不能很好地满足广大农民群众的生活需求。

（三）服务水平不高

生态休闲养老乡村建设从经营设施、服务标准来看还有较大差距。从业人员服务水平方面来看，提供生态休闲养老服务的大都是家族亲属，多数服务人员未经过专业培训，缺乏经营管理知识，服务意识不强，服务水平不高。

四、推进生态休闲养老乡村建设的对策建议

（一）做好科学规划，突出“养老”主题

科学合理的规划是建设“生态休闲养老乡村”的基础。一是在县级层面上要以政府为主导，高起点规划。通过邀请专家、战略合作等方式对建设生态休闲养老乡村的现状把脉研究，科学论证，因地制宜，制定科学性、可持续性

的发展规划，指导生态休闲养老乡村科学有序发展。二是在乡镇层面要加强指导作用，强化规划执行力度，进一步推进执法力量下移，不断加大对乡村规划和土地的管理，从源头上避免边建设边规划等现象的发生。三是在村级层面要坚持因地制宜、养老主题突出、风格各异的原则，深入分析当地村庄情况，根据不同的区位条件、资源禀赋、发展基础、文化底蕴等实际，合理编制生态休闲养老乡村的村庄规划。可以借鉴先进地区的好经验，设计编制养老村落、村居建筑图，科学地指导生态休闲养老乡村建设，努力走“一村一品”和“一村一特”的建设道路。

（二）加大支持力度，支撑“养老”建设

各级部门、各种方式的支持是生态休闲养老乡村建设的保障。一是强化政策支撑。结合现有休闲旅游发展配套政策，研究制定生态休闲养老乡村扶持政策。加大财政扶持力度，加强政府专项资金的导向性投入，扶持一批有示范性、特色性、导向性的养老特色村，加大对生态休闲养老乡村建设用地、资金、项目等方面的扶持力度，积极争取中央和地方的政策支持和财政投入。二是强化基础设施支撑。推进交通、供排水、邮电、医疗卫生、公共服务等农村基础设施建设。提升生态休闲养老乡村内餐饮、住宿、购物、休闲保健、运动、娱乐等养老设施建设和相关配套服务。三是强化人才支撑。经营者的文化和服务素质往往决定了养老产品的优劣层次，要结合劳动力素质提升工程，给予生态休闲养老乡村参与者、经营者相关专业技能的长短期项目化培训，不断提升农户经营水平。改善从业人员结构，鼓励大中专院校学生回乡创业，鼓励更多的高学历青年加入到生态休闲养老乡村的建设中来。

（三）加强生态保护，优化“养老”环境

生态保护是打造生态休闲养老乡村的首要前提。一是抓好生态系统恢复工作。采取积极的环境整治措施，加大生态脆弱区保护力度。保持公益林建设的成效，推进绿化造林、封山育林、退耕还林的长期化、长效化。大力推进林木绿地认建认管认养活动，促进造林绿化工作深入开展，使整体生态系统不断朝良性循环方向发展。二是抓好水环境保护。加大水环境保护宣传工作，指导各街道村镇，尽快完善污水处理设施，提升污水处理能力。有效控制河道采砂、网箱养殖规模，防治水库水质富营养化。三是抓好村内外环境整治。积极改善“脏、乱、差”的村域生活环境，及时清理柴堆、粪堆、垃圾堆；彻底拆除残墙断壁、违法违章建筑；抓好村庄绿化、硬化、亮化的各个环节、各个部位，通过一系列整治，达到山、水、村的环境整洁优美。

（四）注重特色开发，发展“养老”产品

特色开发是生态休闲养老乡村建设的生命。一是构建特色养老村发展模式。根据县域乡村的不同特点，将适合开发建设生态休闲养老项目的村进行类型分类，按类别打造各具风情特色的生态休闲养老乡村，建设完善的配套设施，以迎合不同需求的消费群体。

1. 自然景观型生态休闲养老乡村

依托独特的山水环境资源，打造以自然景观为主题的生态休闲养老村。村内外天然现存的各类自然田地、群山、河流湖泊、森林、耕地等，保留下来并加以保护和部分改造，并根据村内自然景观的不同特色等方面来分析、发掘村内生态特点，从形态、色彩、听觉、嗅觉上挖掘自然景观的特点，并与村内原有的农业系统相结合，规划适合乡村的项目，吸引对自然景观有兴趣的消费群体。

2. 特色文化型生态休闲养老乡村

一些村庄具有多元的民俗文化，如梅湾的红色文化、石浦的船帮文化、高畲的畲族文化等，可以充分利用文化特色和民俗风情，开发建设观光游览、教育科普、节庆会展、创作演出等方面的项目，发挥一些村在文化特色上的优势，专心于一种文化的建设，配合其他方面的特点，再将生态、文化、休闲相结合，打响村庄的文化品牌，吸引喜爱人文、民俗文化的消费群体。

3. 农业观光型生态休闲养老乡村

打造以农业观光为主题的生态休闲养老村。一些村庄农业发展较好，农产品资源丰富，种植了具有当地特色的农副产品，可以挖掘这些农副产品本身具有的经济价值，还可以挖掘种植生产过程中的价值。这些村可以建立观光农园、农业公园、教育农园、蔬果乐园、动物农场、体验式庄园等项目，吸引对农业生产过程和农产品感兴趣的消费群体，可以进行观光、接受教育、获得体验，实现农业生态、经济和社会效益的有机统一。在具体实施中应注意以下两点：

第一，要充分挖掘田园乐趣、民俗乐趣以及农村生产、生活乐趣，把现代的理念和传统文化相结合，创新游乐项目，不断丰富生态休闲养老乡村娱乐产品的内涵，让消费者在民俗体验、农事劳作中得到放松，享受快乐。挖掘开发农事体验、农家拓展训练、农耕农艺比赛、手工艺品和农副食品制作等体验活动，让消费者在自然野趣中体验“采菊东篱下，悠然见南山”的原生态生活。

第二，要加强养老服务人员道德培训，强化服务意识，严格执业资格，加强规范生态休闲养老乡村的服务标准和价格机制，规范服务和收费标准。加强生态休闲养老乡村协会的建立，组织开展经常性业务活动，采取协会对养老农家服务监督、客源统一调配、餐宿用品统一采购。定期开展服务技能比赛及服务人员集中培训等工作，努力提高养老农家的整体服务质量及水平，使这些村落最终成为具有鲜明特色的养老休闲村落群，为游人提供吃住行一体的优质生态休闲养老服务，形成可持续发展。

（五）加强乡风建设，宣传“养老”理念

要建设“乡风文明和谐”的生态休闲养老乡村，村民的道德建设和文明行为养成是关键。

一是培养良好的生活观念。要结合乡村实际情况，修订完善适合村级层面操作的村规民约和行为规范，营造诚信友爱、谅解宽容的人际关系，建设团结互助、和衷共济的社会氛围。开展以文明出行、文明交往、文明办事和文明生活为主要内容的“与文明同行”活动，引导农民强化文明意识、科学意识、卫生意识，自觉认同和践行健康、科学、向上的生活方式。

二是有效提高个人素质。搭建农民学习的平台，利用乡镇教育网点及现代远程教育网络平台，有针对性地开设农民学习网站、科技进村、文化讲堂、服务网点等适合农民特点、寓教于乐的学习载体，帮助农民提高综合素质和竞争实力。

三是宣传营造养老氛围。浓厚的养老氛围直接影响着生态休闲养老乡村建设的吸引力。要抓住当前这个信息高速发展的时代，多角度、多元化的开展“生态休闲养老乡村”的宣传推进工作，形成宣传养老、崇尚养老、懂得养老、讲求养老的浓厚氛围。要积极策划乡村节庆活动，组织村民自发参与举办丰富多彩的养老宣传文化活动，影响和吸引外地游客，让其在文化活动中，感受养老文化的魅力。

合作社把房子租给城里人养老

在浙江省杭州市西北角的百丈镇泗溪村，这个四面环山的小山村正在把城里老人“接来”养老。

山村里，72岁老人徐奶奶开办的康寿托老所小有名气。据徐奶奶统计，在康寿托老所刚刚创办的时候，村里有64户人家到她家登记，准备在自己家接待城里老人。为了吸引城里老人入住，这些50岁以上的村民还在家里配齐了有线电视、煤气灶、太阳能热水器，改造了卫生间。

与徐奶奶创办时不同，北京市怀柔区渤海镇田仙峪村创办当地首家养老农宅合作社时碰了不少“软钉子”。

田仙峪村村主任说，本以为农民出房、合作社入股、公司经营的合作方式会引起村民的兴趣，但创办之初三天内，却没有一个村民前来报名。

疑惑不解的村主任到村民家里了解他们的想法，发现村民确实有顾虑，而且还不少。

租约20年，时间太长，政策万一变化了呢？遇到拆迁、占地、盖房等情况怎么算？房子租出去后，宅基地算谁的？走访中，村民的问题一个接一个。

村主任一项项跟村民解释：宅基地属于房主所有，日后一旦发生拆迁等不可抗力情况，经过评估后，将部分资金退给合作公司。

国奥集团下属的国奥文化产业投资有限责任公司是合作社的投资者，主管该项目的副总经理并未过多考虑政策变动的因素，她认为，作为政府引进的试点，该项目在短期内不可能发生拆迁等不利情况。

在村干部的带动下，田仙峪村现在已经有35户村民把自己的闲置房屋“上交”。作为样板间的3套农宅已经装修完毕，分别主打仿古、原生态、现代三种风格，但无论哪种风格，都适于老人居住生活。

徐奶奶的家里住进了13名前来养老的老人。村里不少人家都有老人入住。一出门，村里都是老头老太太。

据徐奶奶介绍，泗溪村养老的优势在于：空气好，老人吃的都是自己种的菜、不打农药，喝的是山泉水。

城市老人到农村养老的优势，一是老人们喜欢安静，面对城市喧嚣的环境不适应；二是农村空气比较好；三是老人越来越注重养生，农村吃的、喝的都是原生态的东西；四是在农村养老比在城市经济实惠得多；五是农村自由空间大，老人们感到逍遥自在，没有城市养老机构封闭式管理的那种被“圈养”的感觉。

尽管农村养老有不少优势，但也面临着不少问题。例如，城里老人到农村养老，医疗是一道绕不过去的坎。低龄老人相对好说，80 岁以上的城市高龄老人到农村养老，医疗问题如何解决？冬季取暖怎么办？

这些问题徐奶奶都遇到过，甚至因此导致部分来养老的老人流失。72 岁的王大爷就是在村里住了半年后，因为要住院治病而离开。

国奥集团在前期调研中同样发现了这些问题，有老人问，到农村去养老，医保能刷卡不？有的老人因为供暖问题在冬季离开，成为“候鸟”。还有的老人要求在村里配备自动取款机，方便取钱。

不过，在政府的支持下，村里正将卫生室升级为卫生服务中心，老人可以直接刷医保卡。同时，村里冬季取暖用电代替煤，而且取暖电价政府补贴一半。经过测算，实际费用并不高。

在村民获得固定租金收入的同时，田仙峪村养老农宅合作社同样关注城里老人来养老能给村里带来什么样的变化，将其作为养老产业来经营。村里正在搜集有就业需求的村民信息，并计划开展厨师、服务人员等定向培训，为本村村民带来更多的就业机会。

城市老人融入农村生活后，可以给农村带来丰富的城市元素，带动农民观念更新和素质提升。这也在一定程度上助推新农村建设，新农村不仅是新农房，更是新环境、新思维与新农民的结合。

第四节 “互联网 + 乡村智慧养老”，打造无边界养老院

老人仅仅需要动一下手指头，轻轻地按动按钮，请保姆、收拾家、修家电、购物、上门免费送餐，甚至陪聊等服务就可以送上门来；将智能手环戴在手上，不仅可以通过一键进行紧急呼叫，而且还能够为老年人提供各类智能提醒。这种养老生活是不是与你心目中所期望的养老相符呢？

随着中国老龄化程度的不断加深，对于居家老人的照顾与护理需求愈发急迫，养老服务业的发展趋势已经不再是“人海战术”，而是日益朝着智能化的方向进行发展，在这种背景下，智慧养老应运而生。

一、认识智慧养老

所谓“智慧养老”，指的就是通过物联网等技术，凭借“养老”与“健康”综合服务平台的帮助，随时随地对老年人的各类信息进行全方位的监控，把政府、医疗机构、服务商、家庭以及个人连接起来，使老年人多层次、多样化的需求得到满足。

民政部、工业与信息化部、国家卫生计生委于 2017 年 2 月联合发布了《智慧健康养老产业发展行动计划（2017—2020 年）》的通知。通知中明确地提出了这样的要求：充分发挥信息技术对智慧健康养老产业的提质增效支撑作用，丰富产品供给，创新服务模式，坚持政企联动、开放融合，提升现有医疗、健康、养老资源优化配置和使用效率。2020 年，中国已基本形成覆盖全生命周期的智慧健康养老产业体系，建立了 100 个以上智慧健康养老应用示范基地，培育了 100 家以上具有示范引领作用的行业领军企业，打造了一批智慧健康养老服务品牌。

二、山西：开启新的养老境界

2017 年 10 月 16 日，山西省第一家科技创新智慧养老平台综合服务“春晖之家”项目正式对外发布。它象征着山西省养老服务工作跨入了新阶段，即智慧养老阶段，为养老产业注入了新活力。

根据山西省统计局人口抽样调查数据显示，2016 年山西省年龄不小于 60 岁的老年人有 554 万人，在总人口数中所占的比例为 15.06%，相较于 2015 年，升高了 0.61%，相较于 2014 年，升高了 1.27%。针对山西省老龄化的发展趋势，省政府明确表示：必须要增快养老服务业的发展速度。所以，山西中港银泰科技有限公司极其认真地将省政府的战略部署贯彻下去，给予了养老产业工作足够的重视，在公司科研部不断努力之下，终于将“春晖之家智慧养老云平台”开发了出来，并且成功地和养老机构以及相关老年用品商进行对接。

对此，山西省中港银泰科技有限公司董事长这样说道：“智慧养老是利用先进的信息技术实现智能化服务手段，有效地延伸人工养老服务的能力，也体现了养老服务由人工化向智能化自动化的转变，可以提高养老服务的便捷性与准确性，最大限度地满足老年人的需求。”

春晖之家智慧养老云平台以紧急报警系统、呼叫派单系统以及健康管理系统等作为依托，形成了一个以社区养老服务网络作为支撑，以家庭作为核心的居家养老体系，促使养老服务能力与水平得到了切实的提高。通过科学规划服务管理，对居家老人所需要的一切服务，比如健康体检、紧急呼救以及智能监控等进行了全面的覆盖。采用“互联网 +”技术，对现存养老机构进行改造，使之变成智慧养老机构，促使平台智能化管理得以实现。与此同时，通盘筹划其他养老资源，选择天然绿色、五证齐全以及安全保险的产品，使老人在家就可以方便地购物。另外，通过与其他养老协会进行合作，提供各类旅游资源。

这个项目专注于“互联网 + 智慧养老”模式，将“孝”文化作为核心，将“父母的安全管家”作为发展的前景，创办了居家养老平台、电商平台以及养老院管理系统平台，对老年人的生活进行全面的关注，为老年人的晚年生活提供可靠的保障。现在，养老平台以先进的互联网科技作为依托，在平台内提供包括营养配餐、生活照顾、便利购物、家政服务、养生保健、休闲旅游、智慧医疗、康复护理以及亲情关怀等服务内容，让老年人与居民足不出户就可以享受到综合性的便利服务。

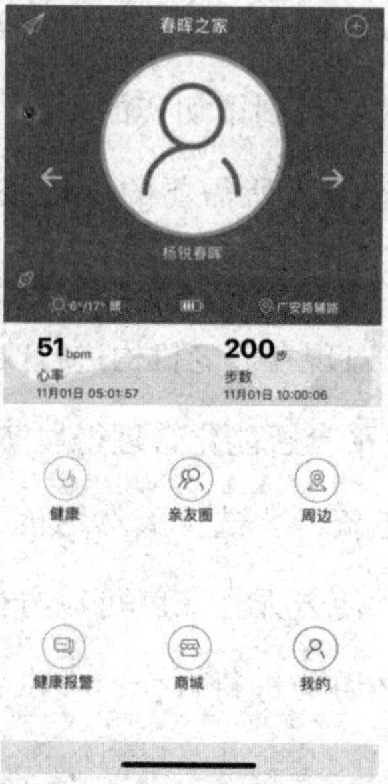
春晖之家
杨锐春晖
51bpm
心率
11月01日 05:01:57
200步
步数
11月01日 10:00:06
健康
亲友圈
周边
健康报警
商城
我的

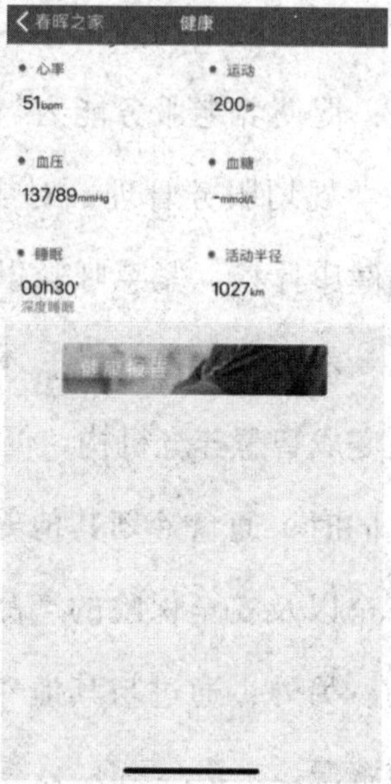
春晖之家
健康
心率
51bpm
运动
200步
血压
137/89mmHg
血糖
-mmol/L
睡眠
00h30'
深度睡眠
活动半径
1027km

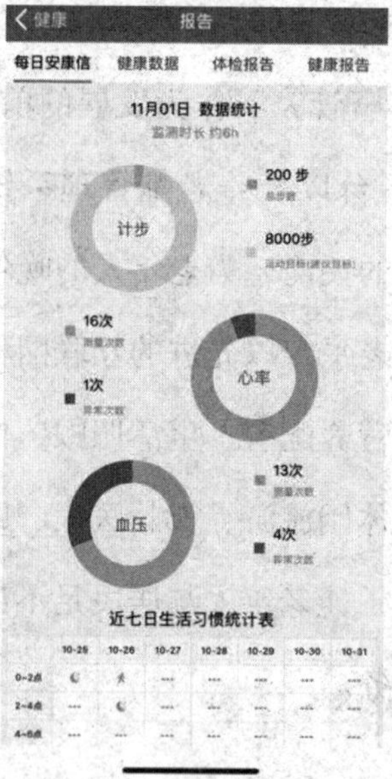
健康
报告
每日安康信
健康数据
体检报告
健康报告
11月01日 数据统计
监测时长 约6h
计步
200 步
8000步
心率
16次
1次
血压
13次
4次
近七日生活习惯统计表

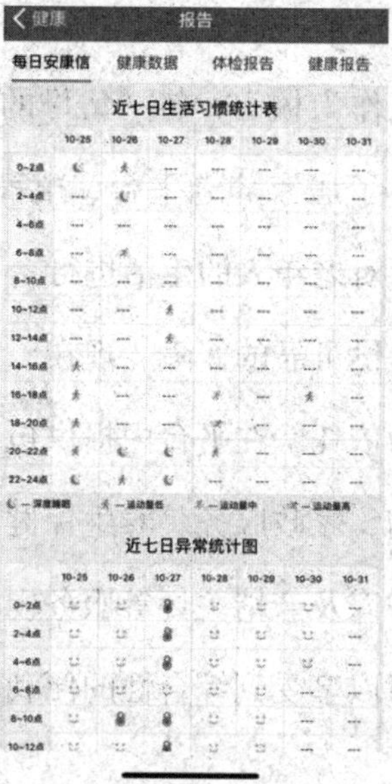
健康
报告
每日安康信
健康数据
体检报告
健康报告
近七日生活习惯统计表
近七日异常统计图

该项目负责人明确地表示："下一步，将实施——五N战略，即通过春晖之家，建立居家养老、机构养老、电商平台、智慧社区、旅居养老五大平台，发挥健康体检、文化娱乐、信息咨询、家政服务、旅游等1+N个功能。"这就意味着山西省将会在春晖之家智慧养老综合服务平台的基础上，通过三大服务模式，即居家养老、旅居养老与机构养老，对资源的配置进行优化，对价值的发现进行促进，对山西省养老模式转变与升级产生至关重要的支撑作用，并且通过对省外市场进行拓展、对资本进行整合的方式，发展成中国一流的综合养老服务平台。

三、陕西汉中：高科技为"夕阳红"增添助力

2017年6月，陕西汉中成立了智慧养老中心，可以为老年人提供诸多服务，比如，不仅可以提供每月一次免费健康监测，卫生保洁、点送餐、爱心商家折扣优惠等服务，而且还会根据老年人的身体情况、兴趣爱好等对老年人进行分组，定点定时地开展文化娱乐活动，比如，国画、书法、舞蹈、声乐以及戏曲等。

最重要的是，每个人的定期检查数据将会在云平台上永久地保存，方便长期进行调用，为老年人将来的就医提

供一定的参考。与此同时，可以根据老年人身体指标的变化，对发生某种疾病的风险进行预测与评估，以便提前进行预防、尽早进行干预，最大限度地使老年人的身体健康与生命安全获得保障。这个模式除了为社区养老、机构养老进行服务之外，居家老人是其最大的受益者。

根据相关统计显示，截至 2017 年 11 月，该智慧养老中心已经为老年人提供了 18 万次左右的服务。

四、天津：打造家门口没有围墙的养老院

自从 2016 年起，天津市将智能居家养老服务视为养老服务特色之一，推出了智能服务模式 10 种，培养了智能服务企业 46 家，落地社区 254 个，为 47.2 万老年人提供了服务，促使政策和市场、企业和社区、服务和需求这 3 个对接得以实现，以两种服务方式，即线上服务与线下服务进入了社区与老年人家庭。

薛大妈已经快 70 岁了，老伴已经去世，独自居住。因为她患有高血压，所以女儿平时最担心的就是她的身体。薛大妈居住的社区从 2016 年 9 月起开办了乐聆智慧养老服务中心，薛大妈也因此真切地享受到了智慧养老所带来的诸多便利。她手上所戴的智能腕表，可以实现多种

功能，比如健康管理、拨打电话、实时监测健康情况以及远程定位等，她的女儿还在自己的手机上装了一个应用软件，以便每天能够实时地对母亲的健康状态进行了解。社区还创建了健康养老综合服务平台，为薛大妈设立了健康档案，一旦薛大妈的身体出现异常情况，服务系统便会自动进行预警，并且立即将整体应急预案打开。

乐聆智慧养老服务中心负责人这样说道："该项目是基于互联网信息技术的智能健康检测、配餐、便民超市、居家生活服务、紧急救助等智慧养老服务项目。除了动态监测老年人的健康状况，健康小屋里还有体检仪器，老人可以自助体检；活动中心设有老年大学，可以供老人们进行各种娱乐、学习活动；休息室内，老人可以在这里午休，享受中医理疗服务……"其实，在大数据平台的支持之下，智慧养老就是要打造一个在老年人家门口没有围墙的养老院。

五、武汉江岸区：让互联网为老年人服务

2017年6月，在武汉市江岸区百步亭社区，"爱社区·江岸社区管家"正式上线，如今已经变成了社区居民的手机上必须具备的应用软件，它把社区居民各种类型的

诉求和服务主体，比如，社区党组织、居委会、物业公司以及业委会等有效地进行对接，通过线上线下多元合力来满足社区居民各种类型的诉求。

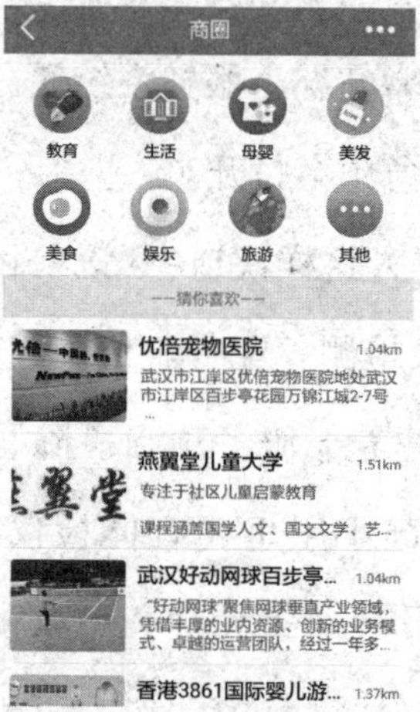

百步亭社区有一个居民，人称老萧。他在退休之后，就想要参加书法协会，但他不清楚应该怎么加入。于是，他将“爱社区·江岸社区管家”手机应用软件打开，点击了一下“找书记”寻求帮助。随后，社区书记的手机马上接到了“订单提醒”，然后立刻指派书法协会的负责人主动与老萧取得联系。事后，老萧发出了这样的感慨：“真是方便啊，我们老年人也可以享受到互联网技术带来的便利了。”

截至到 2017 年 11 月，“爱社区·江岸社区管家”已经将武汉江岸区的 114 个社区都覆盖了，其中，各个社区通过信息发布平台共计发布了 346 条资讯，“找书记”与“找社区”对居民 129 条诉求进行了处理，“找物业”已经对居民 580 条诉求进行了处理，成为居民名副其实的办事好助手。

全国政协常委、全国工商联副主席、百步亭集团董事局主席茅永红明确地表示：“要让互联网服务老人，而不是强迫老人像年轻人一样用互联网，老人真正想要的居家养老，就是坐在家里通过几个简单的操作就能满足自己的生活所需。”

人口老龄化汹涌而至，养老难题已经迫在眉睫，智慧养老依靠信息技术在很大程度上对需求响应的范围进行了拓展，使服务的广度与深度变得更加丰富，为整个养老产业加入了新的血液。通过家庭、社会以及政府的多方合力，促使养老服务水平从根本上得到大幅度的提升，让“养老”华丽地进行变身，成为真真正正的“享老”。

第四章

乡村养老产业的投融资与人才培养

第一节　乡村养老产业的 PPP 模式

近年来，中央政府鼓励社会资本进入公共服务领域，鼓励发展 PPP 模式，中国乡村养老产业需求和供给的不平衡，也极大地推动了 PPP 模式在乡村养老产业中的发展。

一、PPP 模式知多少

（一）PPP 模式的概念

PPP 模式，又可以叫作公私合营模式，是一种起源于英国的“公共私营合作”的融资机制。PPP 模式中的“PPP”是 Public-Private Partnership 的字母缩写，指的是指政府和私人组织之间，为了共同创建基础设施项目，或者为了供给某种公共物品与服务，以特许权协议作为基础，形成一种合作关系，这种合作关系是伙伴式的，在确定彼此的权利与义务方面是通过签署合同来完成的，从而促使双方最终达到比预期单独行动更好的结果。

PPP模式把原本属于政府的部分责任用特许经营权的方式转移给社会主体（企业），政府和社会主体之间创建一种“共赢共损”的共同体关系，从而促使政府所需要承接的财政负担大大减轻，与此同时也促使社会主体在投资过程中所需要承担的风险大幅度减小。

（二）PPP模式的主要类型

因为世界各个国家的意识形态是不一样的，并且所处的PPP发展阶段也是不一样的，所以各个国家所使用的术语并非全部都是一样的，或者对于相同的术语有着不同的理解，这就导致PPP在分类上出现了很多问题。

从广义上来说，PPP可以分成三大类型：外包类、特许类以及私有类。

1. 外包类

通常来说，PPP项目的投资者为政府单位，而私营企业只是将项目中的一项或者数项以上的职能承包下来，比如私营企业仅仅对工程建设进行负责，或者接受政府的委托代为对设施进行管理与维护或者提供一些公共服务，并且通过政府付费的方式获得收益。在这种类型的PPP项目中，私营企业所需要担负的风险相对而言是很小的。

2. 特许类

这种类型的 PPP 项目在投资方面需要私营企业进行部分参与或全部完成，并且通过某种合作机制和公共部门一起承担该项目所要承担的风险、一起享有该项目可以获得的利益。按照该项目的实际收益状况，公共部门或许会从特许经营公司那里获得一定数额的特许经营费或者给予某些补偿。这就要求公共部门必须要协调好私营企业的利益与项目的公益性之间的关系，使者二者之间保持平衡关系，因此，政府相关部门的管理水平对于特许经营类项目最终是不是能够获得成功有着至关重要的作用。通过创建良好的监管机制，特许经营类项目可以有效地将双方的优势发挥出来，促使整个项目的建设成本与经营成本大大降低，与此同时还可以促使公共服务的质量得以提高。因为项目的资产最后是属于公共部门的，所以在一般情况下都会有使用权与所有权进行移交的过程，也就是合同完毕之后，公共部门会从私营企业那里收回项目的使用权或者所有权。

3. 私有类

私有类 PPP 项目的投资则全部来源于私营企业，其获取利润的方式为在政府的监督与管理之下，向用户收取一定的费用。因为私有类 PPP 项目的所有权掌握在私营企业的手中，而且没有有限追索的特性，所以私营企业在这种类型的 PPP 项目中需要承担最大的风险。

（三）PPP 模式的运营方式

在经济比较发达的国家，PPP 已经被广泛地应用在了很多领域，不仅可以用来投资建设水厂、电厂等基础设施，而且也能够用来建设学校、监狱等诸多非营利设施。北京奥运场馆的建设就引入了 PPP 模式，奥运场馆仅仅想要依靠自身运营来使资金维持平衡是相当困难的，所以就需要政府采用正确的方式投入资金，以便促使该项目能够顺利地运作。

（四）PPP 模式的主要优点

PPP 模式的主要优点是把市场机制引入了基础设施的投融资中。并非每一个城市的基础设施项目都能够进行商业化，更确切地说，大部分基础设施是不可能进行商业化的。政府不可能通过市场机制运作基础设施项目而完全从投资领域退出来。在基础设施市场化的进程中，政府仍必须继续将一部分资金投入到基础设施中。但对于政府而言，相较于传统方式的投入，在 PPP 项目里的投入则要小很多，而这二者之间的差值便是政府选择 PPP 方式后能够得到的收益。

1. PPP 模式可以解决费用超支的问题。在初始阶段，公共部门与私人企业一起参与项目的建设工作，比如项目的识别、可行性研究以及融资等，确保不管是在技术上，还是在经济上，该项目都是可行的，尽可能地促使前期工作周期缩短，促使项目所需要的费用大大地降低。在 PPP 模式中，唯有当项目彻底完成并且获得政府批准使用之后，私营企业才可以开始得到收益，所以 PPP 模式不仅对于提升效率与减少工程造价有着很大的促进作用，而且还能够在很大幅度上降低项目完工风险以及资金风险。大量的研究显示，相较于传统的融资模式，PPP 项目可以为政府部门平均节省 17% 的费用，而且建设工期都可以在预定的时间内完成。

2. PPP 模式对于转换政府职能与减少财政负担有很大的帮助。PPP 模式可以让政府从烦琐沉重的事务中挣脱出来，从以前基础设施公共服务的提供者变身为监管者，从而促使质量有所保障，也能够让政府减少财政预算方面的压力。

3. PPP 模式对于投资主体的多元化起到了促进的作用。在提供资产与服务时，如果充分地对私营部门加以利用，那么就可以将更多的资金与技能提供给政府部门，从而促使投融资体制的改革速度得以大大提高。与此同时，如果私营企业可以参与到项目中来，那么就能够对项目设计、施工等方面的革新起到很大的促进作用，从而促使办事效率得以大幅度的提高，促使优秀的管理理念与经验得以传播开来。

4. PPP 模式可以让政府部门与民间部门通过取长补短的方式，将政府公共机构的优势与民营机构的优势都充分地发挥出来，并且对彼此的不足加以弥补。政府公共机构与民营机构可以达成一个双赢的长期目标，能够用最有效的成本为大众提供最良好的服务。

5. PPP 模式可以促使参与项目的各方构成一个战略联盟，从而有效地协调各方不一样的利益目标。

6. PPP 模式可以使风险分配更加合理。不同于 BOT 等模式，PPP 在项目初始阶段就能够使风险分配得以实现，与此同时，因为政府承担了一些风险，所以就使得承建商和投资商所需要承担的风险大大降低，使风险分配变得更加合理，从而促使融资的难度系数大幅度下降，使项目融资成功率大大提高。相对应的，政府在对风险进行分担的同时也会收回一定的控制权。

7. PPP 模式的应用范围比较广泛。PPP 模式打破了私人企业参与公共基础设施项目的种种限制，在城市供热等各种市政公用事业及铁路、道路、医院、学校以及机场等项目中发挥出较好的作用。

（五）实现 PPP 模式的必要条件

1. 政府相关部门的支持

在 PPP 模式里，随着项目的不同，公共民营合作双方所需要扮演的角色与所需要承担的责任是不一样的，但是政府部门所扮演的总体角色以及其所承担的责任——为民众提供良好的公共设施与优质的服务却是恒久不变的。PPP 模式是一种提供公共设施或者服务的非常有效的方式，可是并非是政府高质量治理与英明决策的替代。不管在什么情况下，政府都应当从对公共利益进行保护与促进的立场出发，对项目的整个过程进行负责，比如，对项目的总体策划进行负责，对项目的组织招标进行负责，对减少项目总体风险进行负责等。

2. 健全的法律法规制度

PPP 项目要想顺利地进行运作，就需要在法律层面上明确地界定政府部门和企业部门在项目中要尽的义务与要担负的责任等，以便对双方的利益进行保护。在 PPP 模式下，不管哪个阶段，项目设计阶段也好，融合资金阶段也罢，抑或是其他阶段，都能够选择公共民营合作，通过健全的法律法规有效地约束参与的双方，从而尽可能地实现发挥优势与弥补缺陷的目的。

3. 专业的机构与人才的支持

PPP 模式在运作的过程中，大多会选择项目特许经营权的方式来作结构的融资，这就需要多方面的复杂知识，比如，法律方面的知识、金融方面的知识以及财务方面的知识等。一方面需要政策制定参与方制定恰当的 PPP 交易流程，该 PPP 交易流程要求制定必须规范化、标准化，与此同时，还需要对项目的运行提供技术指导和与之有关系的政策支持；另一方面要求专门的中介机构提供比较具体并且专业化的服务。

（六）PPP 项目操作流程与参与主体

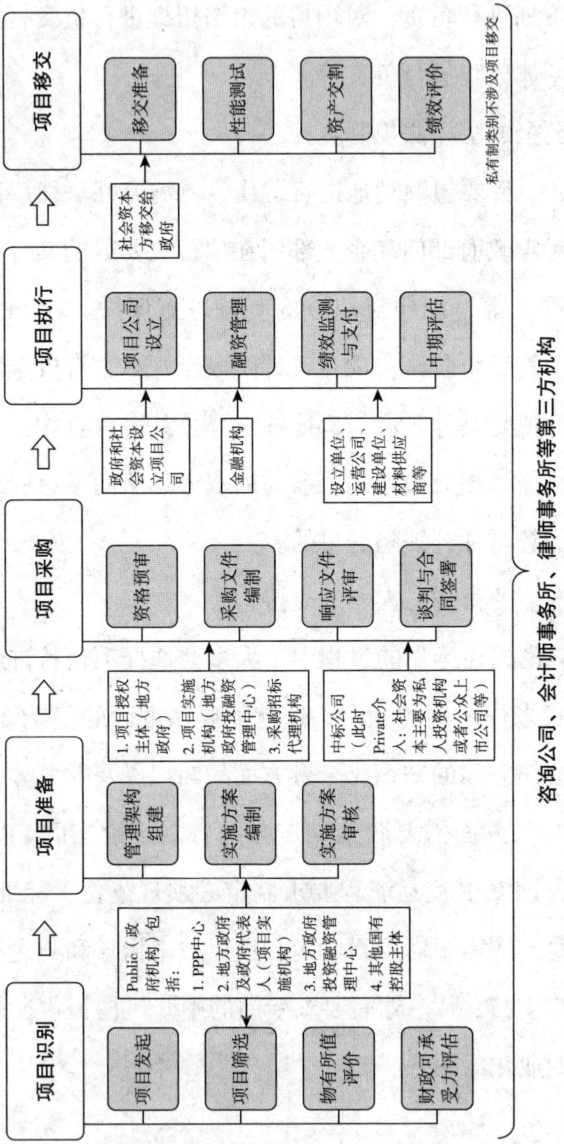

图 4-1　PPP 项目操作流程与参与主体

二、PPP 模式和养老产业的结合

（一）政府鼓励和支持

《关于推广运用政府和社会资本合作模式有关问题的通知》指出："确定示范项目范围。适宜采用政府和社会资本合作模式的项目，具有价格调整机制相对灵活、市场化程度相对较高、投资规模相对较大、需求长期稳定等特点。各级财政部门要重点关注城市基础设施及公共服务领域，如城市供水、供暖、供气、污水和垃圾处理、保障性安居工程、地下综合管廊、轨道交通、医疗和养老服务设施等，优先选择收费定价机制透明、有稳定现金流的项目。"

财政部、发展改革委、人民银行《关于在公共服务领域推广政府和社会资本合作模式的指导意见》指出："在公共服务领域推广政府和社会资本合作模式，是转变政府职能、激发市场活力、打造经济新增长点的重要改革举措。围绕增加公共产品和公共服务供给，在能源、交通运输、水利、环境保护、农业、林业、科技、保障性安居工程、医疗、卫生、养老、教育、文化等公共服务领域，广泛采用政府和社会资本合作模式，对统筹做好稳增长、促改革、调结构、惠民生、防风险工作具有战略意义。"

《国务院关于进一步健全特困人员救助供养制度的意

见》也提出：“鼓励运用政府和社会资本合作（PPP）模式，采取公建民营、民办公助等方式，支持供养服务机构建设。”

（二）PPP 模式是否适合养老项目

从图 4–2 的比较中，我们可以很容易看出，尽管养老行业本身在个别方面有着缺陷，可是在大部分方面还是与 PPP 模式适用项目的特征相符的，再加上政府重视程度高、扶持力度大，养老项目基本上适合运用 PPP 模式。

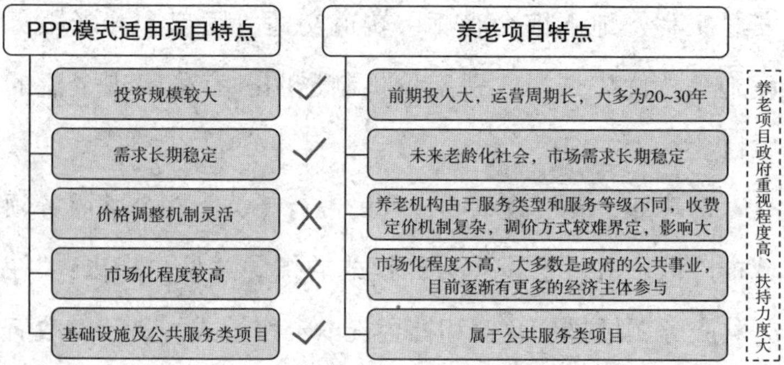

图 4–2　PPP 模式适合项目特点与养老项目特点比较

三、PPP 参与养老产业发展的现状

（一）全国 PPP 养老项目在 PPP 项目总数中所占比例较低

截至 2018 年 1 月 31 日，全国入库 PPP 项目（管理

库）共 7446 个，其中有 136 个为养老 PPP 项目，它在全国 PPP 项目总数当中所占的比例为 1.8%。与其他应用 PPP 模式比较多的领域，比如 2782 个市政工程 PPP 项目、1072 个交通运输 PPP 项目、574 个生态建设和环境保护 PPP 项目等相比，养老 PPP 项目数量的确比较少，与同样是公共服务领域的 371 个教育 PPP 项目与 260 个医疗卫生 PPP 项目相比，养老 PPP 项目数量所占的比例也不大。

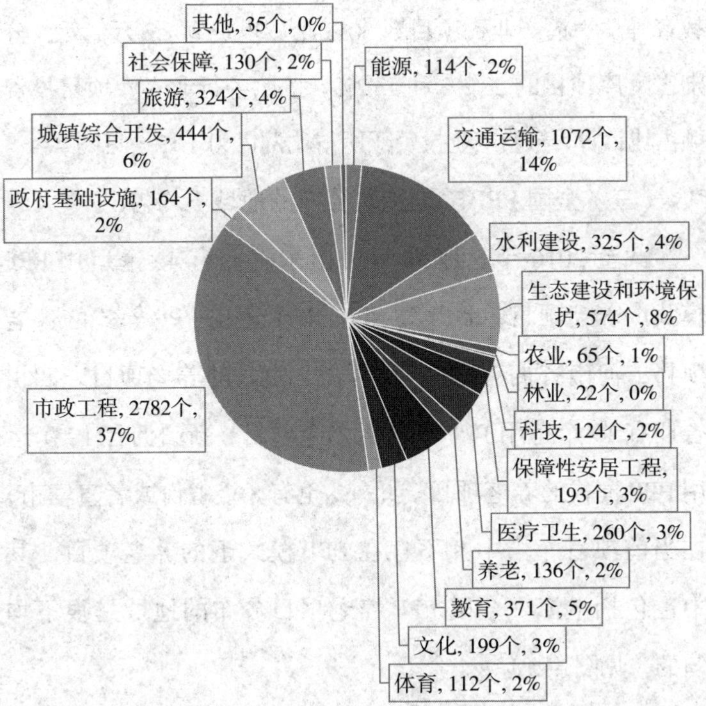

图 4–3　全国入库 PPP 项目（管理库）行业分布

（二）全国 PPP 养老项目金额在 PPP 项目总金额中所占比例较少

根据全国 PPP 综合信息平台项目库第 7 期季报，截至 2017 年 6 月 30 日，全国入库项目共计 13 554 个，累计投资额 16.3 万亿元，其中，已签约落地项目 2021 个、投资额 3.3 万亿元，落地率 34.2%（落地率指执行和移交两个阶段项目数之和与准备、采购、执行、移交 4 个阶段项目数总和的比值，不考虑识别阶段项目）。旅游、文化、体育、健康、养老、教育等“幸福产业”项目数 3012 个、投资额 2.2 万亿元，分别占入库项目的 22.2% 和 13.2%。按照各行业入库项目投资额占比计算，养老产业投资额所占比例仅为 1.1%（见图 4–4）。

（三）全国 PPP 养老项目分布的地域不均匀

截至 2016 年 6 月 30 日，山东省拥有 46 个运用 PPP 模式的养老项目，贵州省拥有 40 个运用 PPP 模式的养老项目，河南省拥有 21 个运用 PPP 模式的养老项目，四川省拥有 19 个运用 PPP 模式的养老项目，新疆拥有 19 个运用 PPP 模式的养老项目。此外，也有 8 个省份或者直辖市，在当前项目库当中并不存在 PPP 模式下的养老项目，其中也包括上海。全国 PPP 养老项目分布的地域是很不均匀的（见图 4–5）。

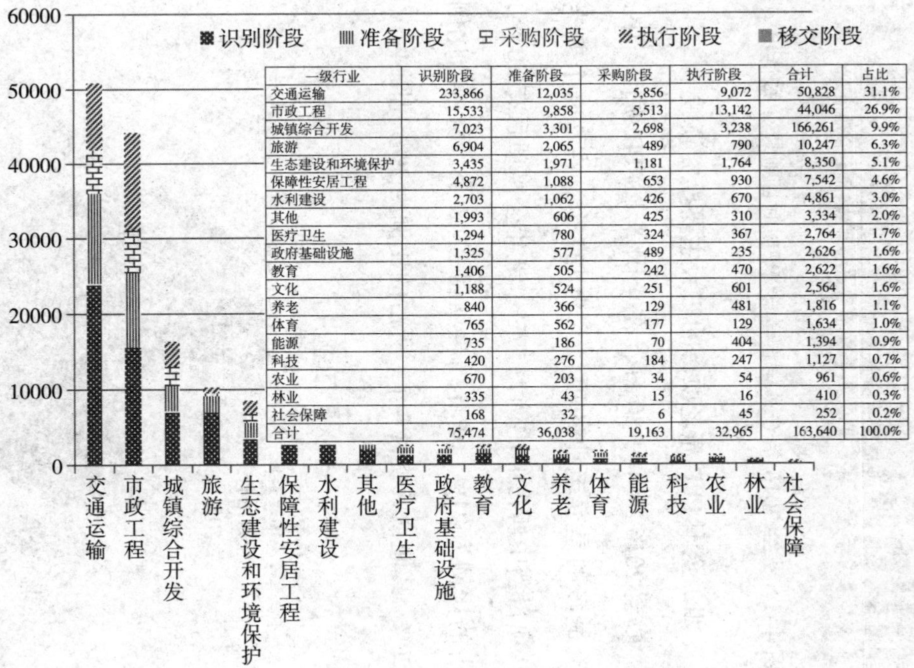

一级行业	识别阶段	准备阶段	采购阶段	执行阶段	合计	占比
交通运输	233,866	12,035	5,856	9,072	50,828	31.1%
市政工程	15,533	9,858	5,513	13,142	44,046	26.9%
城镇综合开发	7,023	3,301	2,698	3,238	166,261	9.9%
旅游	6,904	2,065	489	790	10,247	6.3%
生态建设和环境保护	3,435	1,971	1,181	1,764	8,350	5.1%
保障性安居工程	4,872	1,088	653	930	7,542	4.6%
水利建设	2,703	1,062	426	670	4,861	3.0%
其他	1,993	606	425	310	3,334	2.0%
医疗卫生	1,294	780	324	367	2,764	1.7%
政府基础设施	1,325	577	489	235	2,626	1.6%
教育	1,406	505	242	470	2,622	1.6%
文化	1,188	524	251	601	2,564	1.6%
养老	840	366	129	481	1,816	1.1%
体育	765	562	177	129	1,634	1.0%
能源	735	186	70	404	1,394	0.9%
科技	420	276	184	247	1,127	0.7%
农业	670	203	34	54	961	0.6%
林业	335	43	15	16	410	0.3%
社会保障	168	32	6	45	252	0.2%
合计	75,474	36,038	19,163	32,965	163,640	100.0%

图 4–4　2017 年 6 月末各行业入库项目投资额按阶段分布（亿元）

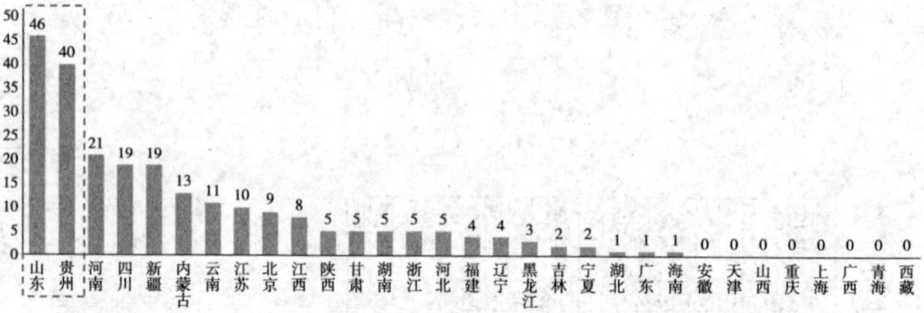

图 4–5　截至 2016 年 6 月全国养老 PPP 项目地域分布情况

（四）全国 PPP 养老项目的三大主要投资领域

截至 2016 年 6 月 30 日，在全国养老 PPP 项目当中，投资最多的是养老业的项目，为 137 个，在 239 个养老 PPP 项目当中所占的比例为 57%，老年公寓项目有 50 个，所占的比例为 21%，医养结合项目有 48 个，所占的比例为 20%，其他领域项目 4 个，所占的比例为 2%（见图 4–6）。

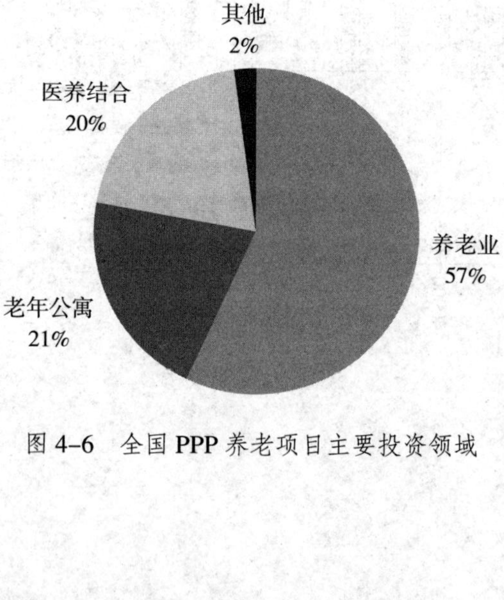

图 4–6　全国 PPP 养老项目主要投资领域

（五）其运作方式

PPP 养老项目的运作方式主要为 BOT 与 BOO 方式，两种方式所占的比例合计高于 80%。在 239 个养老 PPP 项目中，有 127 个的运作方式为 BOT 方式（所占的比例为 53%，投资金额为 772 亿元），70 个运作方式为 BOO 方式（所占的比例为 29%，投资金额为 495 亿元），16 个运作方式为 TOT 方式，10 个运作方式为 O&M 方式，1 个运作方式为 MC 方式，1 个运作方式为 ROT 方式，14 个运作方式为其他（包括 3 个村企合作方式，1 个拟采用 LOT 方式，10 个为不详）。

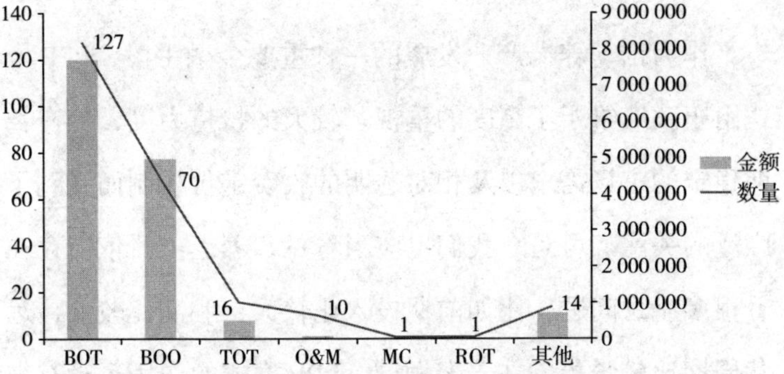

图 4-7 PPP 养老项目运作方式数量与投资金额

（六）回报机制（见图 4-8）

在回报机制方面，主要为使用者付费机制，所占的比例在 70% 以上。截至 2016 年 6 月 30 日，在 239 个养老

PPP 项目中，177 个回报机制为使用者付费（所占的比例为 74%）、55 个回报机制为可行性缺口补助（所占的比例为 23%）、7 个为政府付费项目（所占的比例为 3%）。

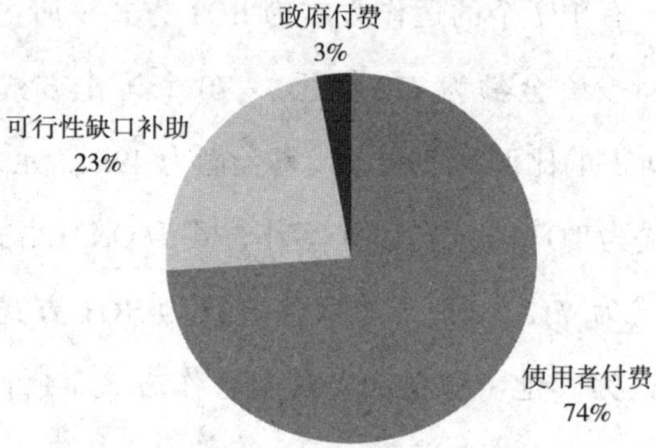

图 4–8　PPP 养老项目回报机制结构分析

作为推动养老产业发展的一种重要金融手段，PPP 模式由于政府给予了高度的重视、较大的扶持力度，拥有长期稳定的市场需求以及相对透明的收费定价机制而受到了广泛的关注。可是，我们也应当看见，养老项目依旧存在着很多瓶颈问题，比如前期投入比较大，利润比较低，运营周期比较长等。在养老领域，PPP 模式的作用还没有被充分发挥出来，需要增强政府的杠杆作用，积极地推动多元社会资本有效地加入其中。

第二节 养老产业最新税收优惠政策

养老服务机构税收优惠政策主要涉及增值税、企业所得税、房产税与城镇土地使用税、耕地占用税、捐赠人所得税前扣除的优惠等。

一、增值税优惠政策

养老服务机构提供的养老服务免征增值税。

政策依据：《财政部国家税务总局关于全面推开营业税改征增值税试点的通知》附件3第一条第二项规定："一、下列项目免征增值税（一）……（二）养老机构提供的养老服务。养老机构，是指依照民政部《养老机构设立许可办法》（民政部令第48号）设立并依法办理登记的为老年人提供集中居住和照料服务的各类养老机构；养老服务，是指上述养老机构按照民政部《养老机构管理办法》（民政部令第 49 号）的规定，为收住的老年人提供的生活照料、康复护理、精神慰藉、文化娱乐等服务。”

二、企业所得税优惠政策

其一，符合非营利性组织条件的老年服务机构，取得的养老服务收入，暂免征收企业所得税。

政策依据：《中华人民共和国企业所得税法》第二十六条第四项规定：“企业的下列收入为免税收入：（一）国债利息收入……（四）符合条件的非营利组织的收入。”以及《中华人民共和国企业所得税法实施条例》第八十四条规定：

企业所得税法第二十六条第四项所称符合条件的非营利组织，是指同时符合下列条件的组织：

（一）依法履行非营利组织登记手续；

（二）从事公益性或者非营利性活动；

（三）取得的收入除用于与该组织有关的、合理的支出外，全部用于登记核定或者章程规定的公益性或者非营利性事业；

（四）财产及其孳息不用于分配；

（五）按照登记核定或者章程规定，该组织注销后的剩余财产用于公益性或者非营利性目的，或者由登记管理机关转赠给与该组织性质、宗旨相同的组织，并向社会公告；

（六）投入人对投入该组织的财产不保留或者享有任何财产权利；

（七）工作人员工资福利开支控制在规定的比例内，不变相分配该组织的财产。

前款规定的非营利组织的认定管理办法由国务院财政、税务主管部门会同国务院有关部门制定。

其二，其他老年服务机构，符合小微企业条件的，其取得的养老服务收入所得减按 50% 计入应纳税所得额，按 20% 的税率缴纳企业所得税。

政策依据：《财政部税务总局关于扩大小型微利企业所得税优惠政策范围的通知》第一条规定“自 2017 年 1 月 1 日至 2019 年 12 月 31 日，将小型微利企业的年应纳税所得额上限由 30 万元提高至 50 万元，对年应纳税所得额低于 50 万元（含 50 万元）的小型微利企业，其所得减按 50% 计入应纳税所得额，按 20% 的税率缴纳企业所得税。

前款所称小型微利企业，是指从事国家非限制和禁止行业，并符合下列条件的企业：

（一）工业企业，年度应纳税所得额不超过 50 万元，从业人数不超过 100 人，资产总额不超过 3000 万元；

（二）其他企业，年度应纳税所得额不超过 50 万元，从业人数不超过 80 人，资产总额不超过 1000 万元。

三、房产税与城镇土地使用税优惠政策

暂免征收养老服务机构自用的房产、土地的房产税、土地使用税。

政策依据：《财政部国家税务总局关于对老年服务机构有关税收政策问题的通知》第一条规定："对政府部门和企事业单位、社会团体以及个人等社会力量投资兴办的福利性、非营利性的老年服务机构，暂免征收企业所得税，以及老年服务机构自用房产、土地、车船的房产税、城镇土地使用税、车船使用税。"

《吉林省房产税实施细则》第五条第一项规定："第五条除《条例》第五条规定的以外，下列房产也免征房产税：（一）单位办的学校、医院（诊所）、幼儿园、托儿所、敬老院使用的房产。"

四、耕地占用税优惠政策

养老服务机构占用耕地免征耕地占用税。

政策依据:《中华人民共和国耕地占用税暂行条例》第八条第二项规定:“第八条,下列情形免征耕地占用税:(一)……(二)学校、幼儿园、养老院、医院占用耕地。”

五、捐赠人所得税税前扣除的优惠

捐赠单位和个人通过规定渠道向养老服务机构捐赠,在个人所得税税前准予全额扣除;按年度会计利润12%的限额在企业所得税税前扣除,超过年度利润总额12%的部分,准予结转以后三年内在计算应纳税所得额时扣除。

政策依据:《财政部国家税务总局关于对老年服务机构有关税收政策问题的通知》第二条规定:“二、对企事业单位、社会团体和个人等社会力量,通过非营利性的社会团体和政府部门向福利性、非营利性的老年服务机构的捐赠,在缴纳企业所得税和个人所得税前准予全额扣除。”

《财政部、国家税务总局关于企业所得税若干优惠政策的通知》第三条规定:“三、关于其他有关行业、企业的优惠政策。为保证部分行业、企业税收优惠政策执行的连续性,对原有关就业再就业,奥运会和世博会,社会公益,债转股、清产核资、重组、改制、转制等企业改革,涉农和国家储备，其他单项优惠政策共6类定期企业所得税优惠政策（见附件），自2008年1月1日起，继续按原优惠政策规定的办法和时间执行到期。”该文件在企业所得税实施后对若干税收优惠准予政策延续，但没有提及捐赠单位通过规定渠道向养老服务机构捐赠，可以在企业所得税税前全额扣除政策准予延续。

《全国人民代表大会常务委员会关于修改〈中华人民共和国企业所得税法〉的决定》（中华人民共和国主席令第六十四号）规定：“将第九条修改为：企业发生的公益性捐赠支出，在年度利润总额12%以内的部分，准予在计算应纳税所得额时扣除；超过年度利润总额12%的部分，准予结转以后三年内在计算应纳税所得额时扣除”（本决定自公布之日2017年2月24日起施行）。

注：税收上老年服务机构的范围界定依据《财政部国家税务总局关于对老年服务机构有关税收政策问题的通知》第三条规定：“本通知所称老年服务机构，是指专门为老年人提供生活照料、文化、护理、健身等多方面服务的福利性、非营利性的机构，主要包括：老年社会福利院、敬老院（养老院）、老年服务中心、老年公寓（含老年护理院、康复中心、托老所）等。”

第三节 金融创新支持乡村养老产业加快发展

为积极应对人口老龄化，大力推动金融组织、产品和服务创新，改进完善养老领域金融服务，加大对养老服务业发展的金融支持力度，促进社会养老服务体系建设，中国人民银行、民政部、银监会、证监会、保监会发布《关于金融支持养老服务业加快发展的指导意见》。

一、充分认识做好养老领域金融服务的重要意义

（一）加快养老服务业发展需要创新金融服务

当前，中国已经进入人口老龄化快速发展阶段，发展养老服务业，加强社会养老服务体系建设，是积极应对人口老龄化、推动供给侧结构性改革的重要内容，是

适应传统养老模式转变、满足人民群众日益增长的养老服务需求的必由之路，是全面建成小康社会的紧迫任务。立足国情，正确处理政府和市场的关系，加快建立社会养老服务体系，迫切要求改进和创新金融服务，加大金融支持力度，广泛动员社会资本参与，增加社会养老财富储备，提升养老服务支付能力，保障“老有所养”战略目标顺利实现。

（二）做好养老领域金融服务是金融业自身转型升级的内在要求

在金融市场化、国际化和多元化趋势下，金融机构传统业务和发展模式面临挑战，金融业进入转型升级的重要发展阶段。加大金融支持力度，有效满足迅速增长的养老服务业发展和居民养老领域金融服务需求，是增加资本市场中长期资金供给，促进金融市场发展和金融结构优化的重要手段，是金融机构拓展新业务的重要机遇，是金融业转型升级的重要途径。各金融机构要增强战略意识，加快养老领域业务发展规划和市场布局，努力改善和提升金融服务水平，实现支持养老服务业和自身转型发展的良性互动。

二、大力完善促进居民养老和养老服务业发展的多层次金融组织体系

（一）创新专业金融组织形式

支持有条件的金融机构优化整合资源，提高养老领域金融服务水平。鼓励金融机构将支持养老服务业、发展个人养老相关的金融业务和战略转型相结合，探索建立养老金融事业部制。支持金融机构在符合条件的地区或分支机构组建服务养老的金融发展专业团队、特色分（支）行等多种形式的金融服务专营机构，提升金融服务专业化水平。

（二）支持各类金融组织开展养老领域金融业务

鼓励银行、证券、保险、基金等各类金融机构积极应对老龄化社会发展要求，优化内部组织架构和管理体制，增强养老领域金融服务能力。鼓励金融租赁公司开发适合养老服务业特点、价格公允的产品，提供融资租赁等金融服务。鼓励信托公司利用信托制度优势，积极开发各类附带养老保障的信托产品，满足居民养老领域金融服务需求，支持养老服务业发展。

（三）积极培育服务养老的金融中介体系

鼓励金融机构创新与融资担保机构合作模式，以政府性融资担保机构为主，引导各类融资担保机构加大对养老

服务业的支持力度。积极引导征信机构、信用评级机构面向养老服务业开展征信、评级服务，鼓励银行与征信机构、信用评级机构合作，实施对养老服务机构的分类扶持。支持发展与养老领域金融创新相适应的法律、评估、会计等中介服务机构，鼓励金融机构与养老信息和智慧服务平台合作，运用"互联网+"大数据资源，提供更高效的金融服务。

三、积极创新适合养老服务业特点的信贷产品和服务

（一）完善养老服务业信贷管理机制

鼓励银行业金融机构根据养老服务业发展导向和经营特点，专门制定养老服务业信贷政策，开发针对养老服务业的特色信贷产品，建立适合养老服务业特点的授信审批、信用评级、客户准入和利率定价制度，为养老服务业提供差异化信贷支持。鼓励银行业、金融机构与民政部门、行业协会等合作开展养老信贷专项培训，提升信贷服务专业化水平。

（二）加快创新养老服务业贷款方式

鼓励银行业金融机构创新承贷主体，对企业或个人投

资设立的养老服务机构，在风险可控的前提下，可以向投资企业或个人作为承贷主体发放贷款。对符合条件的个人投资设立小型养老服务机构，或招用员工比例达到政策要求的小微养老服务企业，积极利用创业担保贷款政策给予支持。对建设周期长、现金流稳定的养老服务项目，鼓励银行业金融机构适当延长贷款期限，灵活采取循环贷款、年审制、分期分段式等多种还款方式。

（三）拓宽养老服务业贷款抵押担保范围

鼓励银行业金融机构探索以养老服务机构有偿取得的土地使用权、产权明晰的房产等固定资产为抵押，提供信贷支持。鼓励银行业金融机构积极开展应收账款、动产、知识产权、股权等抵质押贷款创新，满足养老服务企业多样化融资需求。有条件的地区在风险可控、不改变养老机构性质和用途的前提下，可探索养老服务机构以其他资产抵押贷款的可行模式。

四、支持拓宽有利于养老服务业发展的多元化融资渠道

（一）推动符合条件的养老服务企业上市融资

支持处于成熟期、经营较为稳定的养老服务企业在主

板市场上市。支持符合条件的已上市的养老服务企业通过发行股份等再融资方式进行并购和重组。探索建立民政部门与证券监管部门的项目信息合作机制，加强中小养老服务企业的培育、筛选和储备，支持符合条件的中小养老服务企业在中小板、创业板、全国中小企业股份转让系统上市融资。探索利用各类区域性股权交易市场，为非上市养老服务企业提供股份转让渠道。

（二）支持养老服务业通过债券市场融资

支持处于成熟期的优质养老服务企业通过发行企业债、公司债、非金融企业债务融资工具等方式融资。鼓励中小养老服务企业发行中小企业集合票据、集合债券、中小企业私募债，积极发挥各类担保增信机构作用，为中小养老服务企业发债提供增信支持。对运作比较成熟、未来现金流稳定的养老服务项目，可以项目资产的未来现金流、收益权等为基础，探索发行项目收益票据、资产支持证券等产品。支持符合条件的金融机构通过发行金融债、信贷资产支持证券等方式，募集资金重点用于支持小微养老服务企业发展。

（三）鼓励多元资金支持养老服务业发展

支持各地采取政府和社会资本合作（PPP）模式建设或发展养老机构，鼓励银行、证券等金融机构创新适合

PPP项目的融资机制，为社会资本投资参与养老服务业提供融资支持，积极探索与政府购买基本健康养老服务配套的金融支持模式。鼓励金融机构通过基金模式，探索运用股权投资、夹层投资、股东借款等多种形式，加大对养老服务企业、机构和项目的融资支持。鼓励有条件的地区探索建立养老产业投资引导基金，通过阶段参股、跟进投资等方式，引导和带动社会资本加大对养老服务业的投入。鼓励风险投资基金、私募股权基金等投资者积极投资处于初创阶段、市场前景广阔的养老服务企业。

五、推动完善养老保险体系建设，优化保险资金使用

（一）完善多层次社会养老保险体系

进一步完善由基本养老保险、企业年金、职业年金、商业养老保险等组成的多层次、多支柱的养老保险体系。推进公平、统一、规范的城乡居民基本养老保险制度建设，发挥社会保险保障基本生活的重要作用。大力拓展企业年金、商业团体养老保险等企业补充养老保险，促进企业补充养老保险进一步向中小企业覆盖。推动商业养老保险逐步成为个人和家庭商业养老保障计划的主要

承担者、企业发起的养老健康保障计划的重要提供者、社会保险市场化运作的积极参与者，支持有条件的企业建立商业养老健康保障计划，促使商业保险成为社会养老保障体系的重要支柱。

（二）加快保险产品和服务方式创新

开展个人税收递延型商业养老保险试点，继续推进老年人住房反向抵押养老保险试点，发展独生子女家庭保障计划，丰富商业养老保险产品。积极开发长期护理保险、健康保险、意外伤害保险等保险产品，助推养老、康复、医疗、护理等服务有机结合。鼓励有条件的地区由政府使用医保基金账户结余统一为参保人购买护理保险产品，探索建立长期护理保险制度，积极探索多元化保险筹资模式，保障老年人长期护理服务需求。支持保险公司发展农民养老健康保险、农村小额人身保险等普惠保险业务。大力发展养老机构综合责任保险，为养老机构运营提供风险保障。

（三）创新保险资金运用方式

积极借鉴国际经验，在符合投向要求、有效分散风险的前提下，推动基本养老保险基金、全国社会保障基金、企业年金基金、职业年金基金委托市场化机构多种渠道开展投资，实现资金保值增值，提升服务能力。发挥保险资金长期投资优势，以投资新建、参股、并购、租赁、托管等方式，兴办养老社区和养老服务机构。鼓励保险公司在风险可控的前提下，通过股权、债权、基金、资产支持计划、保险资产管理产品等多种形式，为养老服务企业及项目提供中长期、低成本的资金支持。

六、着力提高居民养老领域的金融服务能力和水平

（一）增强老年群体金融服务便利性

鼓励金融机构优化网点布局，进一步向养老社区、老年公寓等老年群体较为集中的区域延伸服务网点，提高金融服务的可得性。支持金融机构对营业网点进行亲老适老化改造，加强助老设备、无障碍设施建设，开辟老年客户服务专区，提供敬老服务专窗、绿色通道等便捷服务，为老年客户营造便捷、安全、舒适的服务环境。鼓励银行业金融机构优化老年客户电话银行服务流程。

（二）积极发展服务居民养老的专业化金融产品

鼓励银行、证券、信托、基金、保险等各类金融机构针对不同年龄群体的养老保障需求，积极开发可提供长期

稳定收益、符合养老跨生命周期需求的差异化金融产品。大力发展养老型基金产品，鼓励个人通过各类专业化金融产品投资增加财产性收入，提高自我养老保障能力。加快老年医疗、健身、娱乐、旅游等领域消费信贷、信托产品创新。鼓励银行业金融机构探索住房反向抵押贷款业务。鼓励金融机构积极探索代际养老、预防式养老、第三方付费养老等养老模式和产品，提高居民养老财富储备和养老服务支付能力。

（三）不断扩展金融服务内容

金融机构要积极介入社会保障、企业年金、养老保障与福利计划等业务，做好支付结算、账户管理、托管和投资等基础服务。鼓励银行业金融机构发行为老年群体提供特定服务的银行卡等非现金支付工具，适当减免开卡工本费、年费、小额账户管理费等费用，探索提供商户优惠、医疗健康、休闲娱乐、教育咨询、法律援助等配套增值服务。加强老年金融消费者教育和权益保护，加大理财产品等新型金融业务的宣传和普及力度，拓展老年人金融知识，银行业金融机构对老年人办理大额转账等业务应及时提醒查阅，在面向老年人销售保险、理财产品时，应严格遵守有关规定，不得误导销售或错误销售。

七、加强组织实施与配套保障

（一）加强金融政策与产业政策的协调配合

建立人民银行、民政、金融监管等部门参与的金融支持养老服务业工作协调机制，加强政策协调和信息沟通，形成推进养老服务业发展的金融政策合力。制定并定期完善养老服务业指导目录，发布更新养老服务机构与企业信息，建立健全项目数据库和推荐机制。对纳入数据库并获得民政部门推荐的优质养老服务项目，金融机构应在风险可控、商业可持续的基础上给予积极支持。各级民政部门应指导养老机构建立规范的财务制度和资产管理制度，提高承贷能力和偿付水平。鼓励有条件的地区积极运用财政贴息、贷款风险补偿、担保增信等政策工具，加大对金融支持养老服务业发展的政策激励和扶持。

（二）综合运用多种金融政策工具

加强信贷政策引导，鼓励金融机构加大对养老服务业和医养结合领域的支持力度。运用支小再贷款、再贴现工具，引导金融机构加大对小微养老服务企业的信贷支持。不断完善金融监管政策，加强对银行、证券、信托、基金、保险等金融机构开展养老领域金融组织、产品和服务方式创新的监管，以利于金融创新稳妥有序开展。

（三）加强政策落实与效果监测

各金融机构要逐步建立和完善金融支持养老服务业专项统计制度，加强对养老领域金融业务发展的统计与监测分析。人民银行各分支机构会同民政、银行业、证券业、保险业监督管理部门等，根据指导意见精神，结合辖区实际，制定和完善金融支持养老服务业加快发展的具体实施意见或办法，切实抓好贯彻实施工作。

第四节　人才培养助力乡村养老产业

加快发展养老服务业是应对人口老龄化、保障和改善民生的重要举措，对促进社会和谐，推动经济社会持续健康发展具有重要意义。现阶段中国养老服务业人才培养存在规模小、层次单一、质量参差不齐等问题，一定程度上制约了养老服务业的快速发展。2014 年教育部等九部门发布了《关于加快推进养老服务业人才培养的意见》。

一、加快推进养老服务相关专业教育体系建设

扩大养老服务职业教育人才培养规模。发布养老服务业人才需求预测与专业设置指导报告，引导和鼓励职业院校增设老年服务与管理、社会工作、健康管理、康复治疗技术、康复辅助器具应用与服务等养老服务相关专业点。

通过实行单独招生、增加招生计划等，逐步扩大人才培养规模。通过国家奖助学金、社会捐助等资金支持，吸引学生就读养老服务相关专业。鼓励社会资本举办养老服务类职业院校，规范并加快培养养老服务专门人才。

加快发展养老服务本科教育。加大养老服务应用型本科人才培养工作力度，积极探索养老服务本科层次职业教育。鼓励引导高校主动适应国家经济社会发展需要，设置康复治疗学、护理学、应用心理学和社会工作等养老服务相关本科专业，开设老年社会工作、老年护理、老年人保健与营养、老年医学、老年心理学、生命伦理学等课程。

积极发展养老服务研究生教育。适当增加社会工作等硕士专业学位授权点数量，鼓励和支持有条件的高校在社会学、老年学、人口学、康复治疗学、家庭发展等学科领域招收培养研究生，为养老机构和职业院校等输送业务骨干和高层次教学科研人员。鼓励高校加强相关学科建设，提升理论研究水平，为社会养老服务事业发展提供理论支撑与智力支持。

二、全面提高养老服务相关专业教育教学质量

支持养老服务实训基地建设。依托职业院校和养老机

构重点建设一批养老服务实训基地。开发与行业企业技术要求、工作流程、管理规范同步的实训指导方案。强化实践性教学环节，促进教学过程与生产过程对接，提高学生的实际操作能力。推进实训装备的合理配置与共享，提高实训基地使用效益。

推进养老服务相关专业点建设。重点支持一批有条件的学校开展养老服务相关专业改革试点。鼓励和引导学校在人才培养模式、课程、教材、教学方式、师资队伍等重点环节进行改革，建成一批教育观念先进、改革成效显著、特色鲜明的专业点，充分发挥示范引领作用，提升养老服务相关专业建设整体水平。

加强养老服务相关专业教材建设。在国家规划教材建设等项目中，加大养老服务相关专业教材建设力度。组织遴选、开发一批养老服务相关专业职业教育改革创新示范教材。鼓励相关院校与行业、企事业单位联合编写养老服务相关专业特色校本教材。引入行企真实项目和案例，开发多种形式的数字化教学资源。

加强养老服务相关专业师资队伍建设。在有行业特色的高等学校、养老机构、企业建立一批养老服务相关专业师资培养培训基地。在职业院校教师素质提高计划中开展养老服务相关专业教师培训，并逐步扩大培训规模。开展养老服务相关专业带头人专题培训，促进教师之间教学改革、专业建设、课程开发等方面的交流，培养造就一批业务水平高、敬业精神强、创新能力突出的教学领军人才。

广泛开展国际交流与合作。积极开展与养老服务业发达国家或地区教育合作，通过互派师生、交流研讨等形式，学习借鉴国外的先进经验。引进国外优秀课程和教材，结合国内养老服务业实际，合作开发一批具有国际水准的专业课程和教材，促进中国养老服务相关专业教育教学水平的提高。

三、大力加强养老服务从业人员继续教育

提升养老服务从业人员整体素质。重点依托相关职业院校、开放大学和本科院校，开展多样化的学历和非学历继续教育；鼓励养老服务业业务骨干在职攻读相关专业学位。开放大学要充分发挥办学优势，开设养老服务相关专业，加快信息化学习资源和平台建设，积极发展现代远程教育，探索建立面向养老服务从业人员的教学及支持服务模式。积极开展养老机构从业人员、社区养老服务人员和社区工作者培训，提高从业人员专业能

力和服务水平。

推行养老服务相关专业“双证书”制度。推动职业院校与养老服务相关职业技能鉴定机构深入合作，实行专业相关课程的考试考核与职业技能鉴定统筹进行，推动职业院校学生在取得毕业证书的同时，获得相关职业资格证书。对于已取得养老服务业相关职业资格证书，且符合条件的从业人员，可由职业院校按相关规定择优免试录取，经考核合格后可获得相应学历证书。

四、积极引导学生从事养老服务业

推动开展社会养老事业志愿服务。积极组织职业院校、本科院校在校生到养老机构和城乡社区、家庭等进行志愿服务，开展社会实践活动，增强学生的社会责任意识，激发从事养老服务事业的热情。采取学校与城乡社区对口服务等形式，组织学生关爱、帮扶孤寡老人、空巢老人、农村留守老人。

鼓励专业对口毕业生从事养老服务业。相关职业院校、本科院校要加强就业指导和就业服务，鼓励养老服务相关专业的高校和中等职业学校毕业生到养老机构就业。有关部门要将符合条件的高校和中等职业学校毕业生纳入现行就业服务和就业政策扶持范围，按规定落实相关优惠政策。积极改善养老服务从业人员工作条件，加强劳动保护和职业保护，逐步提高工资福利待遇，稳定养老服务从业人员队伍。

五、养老服务业人才培养的组织保障

（一）加强组织领导

建立教育部、民政部牵头，国家发展改革委、财政部、人力资源社会保障部、国家卫生计生委、中央文明办、共青团中央、全国老龄办等部门协同配合、各负其责的工作机制，加强养老服务业人才培养的宏观指导和政策保障。各地有关部门和有关单位要结合实际，高度重视养老服务业人才培养工作，做好养老服务业专业建设、人才培养、科学研究、基地建设、继续教育等有关工作。

（二）拓宽投入渠道

积极拓宽养老服务业人才培养投入渠道，建立政府、用人单位、社会筹措等多元化的投入机制。积极鼓励社会各界参与养老服务业人才培养或对养老服务业人才培养提供捐助或其他支持。

（三）制定配套政策

各地教育、民政、发展改革、财政、人力资源社会保障等部门要加大对养老服务业人才培养的政策支持力度，根据本地实际和养老服务业的特点，在专业建设、师资培训、招生就业、学生奖助、基地建设等方面制定并落实相应的优惠政策。

（四）健全监督机制

建立各项目标任务落实责任制，完善意见实施监督激励机制，切实推动各项任务按时保质完成。各地教育部门、民政部门要建立实施过程跟踪、执行监督、信息反馈机制和定期评估制度，对实施情况进行监督和指导。要根据反馈信息以及监督评估情况，对实施中出现的新情况、新问题及时采取有效措施加以应对。

（五）强化舆论宣传

通过各级各类媒体，广泛宣传养老服务业人才培养的重要性，积极引导社会舆论，营造全社会关心、尊重、认同和支持养老服务业人才培养的氛围，形成全社会尊重养老服务从业人员、支持养老服务业人才培养的良好环境。

养老服务中心管理人员考核标准示例

考核部门：　　　　员工姓名：　　　　年　月

本标准满分：500 分　合格标准： 院长：450 分 主任：350 分 组长：260 分 护士：200 分		满分	得分		
			自评分数	部门评估分数	公寓评估分数
序号	评定项目				
1. 组长以上管理人员考核指标					
1.1	老人和家属满意率≥ 90%，满意度调查 4 次 / 年，有调查表存档				
1.2	老人、家属口头、书面院内投诉率≤ 5 %，投诉有解决结果及意见反馈有持续改进整改措施及记录				
1.3	全年火灾发生率为 0				
1.4	全年老人走失率为 0				
1.5	全年老人跌伤（无骨折）≤ 8%，有《差错评估报告》				
1.6	全年老人摔伤骨折责任事故为 0，有《差错事故报告》				
1.7	养老护理员上岗持证争取率≥ 80%，证书存档				
1.8	养老护理员参加院内理论培训、考试及格率≥ 95%，有培训记录				
1.9	院内安全、消防检查 1 次 / 周，安全巡视 1 次 / 天，有记录				

续表

本标准满分：500 分 合格标准： 院长： 450 分 主任： 350 分 组长： 260 分 护士： 200 分		满分	得分		
			自评分数	部门评估分数	公寓评估分数
序号	评定项目				
1.10	员工安全知识培训≥4 次/年，有培训记录				
1.11	部门员工工作考评 1 次/月，有记录				
1.12	劳动保护用品发放率 100%，有记录				
1.13	员工签订《劳动合同》率 100%，合同有存档				
1.14	向上级领导提供信息、表格及时、准确率 100%，报表存档				
1.15	老人自理能力评估率 100%，有评估报告				
1.16	老人健康档案存档率 100%，有材料存档				
1.17	老人入住协议签订率及续签率 100%，有材料存档				
1.18	提供餐饮满意率≥85%，有征求意见表格及反馈				
1.19	伙委会会议每月不少于 1 次，有会议记录				

续表

本标准满分：500 分　合格标准： 院长：450 分 主任：350 分 组长：260 分 护士：200 分		满分	得分		
			自评分数	部门评估分数	公寓评估分数
序号	评定项目				
1.20	有质量检查标准、考核标准及持续改进措施。小组专项检查每周 1 次、公寓综合检查每月 1 次，有记录				
1.21	为每个老人制订个案护理计划、及时上墙、服务记录准确、规范，1 周跟踪记录详实、规范				
1.22	定期进行危机评估，有危机处理程序、安全管理制度、消防检查巡视制度、消防疏散预案，逐级签订安全责任书、全年无重大安全事故				
1.23	有院方与家属的沟通记录，家属座谈会每年不少于 1 次				
1.24	水、电、维修、制冷、取暖、餐饮、采购、库房等后勤工作及时服务、安全到位，无重大缺陷，有服务记录				
1.25	信息、资料、服务记录、管理记录真实、齐全、归档				

续表

本标准满分：500 分　合格标准： 院长：450 分 主任：350 分 组长：260 分 护士：200 分		满分	得分		
			自评分数	部门评估分数	公寓评估分数
序号	评定项目				
1.26	老人入院协议、补充协议及其他应有的入住文件齐全、归档，及时存入老人健康档案				
2. 医务室考核指标					
2.1	常规器械消毒灭菌合格率 100%				
2.2	护士技术操作合格率≥ 90%，杜绝违规操作				
2.3	一管一用灭菌执行率 100%				
2.4	院内感染发生率≤ 10%				
2.5	法定报告传染病漏报率 0				
2.6	处方合格率≥ 90%				
2.7	健康档案书写合格率≥ 85				
2.8	护理技术操作合格率 100%，事故发生要有《事故处理报告》				
2.9	药品合格率为 100%				
2.10	年度体检完成率 100%				
2.11	各类记录合格率≥ 90				
2.12	护士摆药、发药合格率 100%				
2.13	老人入院评估、阶段性评估 100%				

续表

本标准满分：500 分　合格标准： 院长：450 分 主任：350 分 组长：260 分 护士：200 分		满分	得分		
			自评分数	部门评估分数	公寓评估分数
序号	评定项目				
2.14	每月上报医院管理局报表准确率、及时率 100%				
2.15	老人、家属满意度 ≥ 90%，遇有口头或书面投诉应有改进措施及反馈				
2.16	医疗废弃物的处理符合本院相关制度要求，有废弃物处理的登记表				
2.17	有紫外线照射登记表，有终末（老人去世、出院）消毒处理登记				
3. 为老人提供服务考核指标					
3.1	提供服务完成率 100%，对照老人护理计划，有护理记录				
3.2	基础护理合格率 ≥ 90%，（经质控检查）				
3.3	严重护理缺陷 0（经质控检查）				
3.4	老人摔伤骨折的年度发生为 0				
3.5	老人非骨折摔伤年度发生 ≤ 1				
3.6	Ⅱ度压疮发生次率为 0，轻度压疮发生率 5% 以下				
3.7	老人烫伤的发生率为 0				

续表

本标准满分：500 分　　合格标准： 院长：450 分 主任：350 分 组长：260 分 护士：200 分		满分	得分		
			自评分数	部门评估分数	公寓评估分数
序号	评定项目				
3.8	护理员参加院内理论培训考试达到及格标准				
3.9	老人、家属满意率 90% 以上，如有发生应接受调查和处理				
3.10	私下拿、要老人物品为 0，如有投诉经调查属实者处以罚款或辞退				
3.11	因员工失职原因发生的火灾、老人走失为 0，如有发生做辞退处理				
3.12	搞好老人个人卫生、卫生间马桶及床品的清洁和清洗，房间无异味				
3.13	公共区域卫生质量符合质控标准				
3.14	洗衣、设施维修、后勤保障工作无拖拉、推诿现象，有服务记录				
3.15	监控室 24 小时有人值班，有值班记录				
4. 社工活动考核指标					
4.1	有社工活动周计划及年度计划				
4.2	每天组织老人开展活动至少 1 次				
4.3	组织老人合唱团活动，每周活动不少于 2 次，有计划				

续表

本标准满分：500 分　合格标准： 院长：450 分 主任：350 分 组长：260 分 护士：200 分		满分	得分		
			自评分数	部门评估分数	公寓评估分数
序号	评定项目				
4.4	做好老人的心理疏导，有工作记录				
4.5	做好志愿者的接待，配合志愿者开展活动，有记录				
4.6	做好环境内宣传展板的内容更新				
4.7	做好网站的后台维护及内容更新，每周有新的内容，信息不过时				
4.8	员工的业余文化生活及娱乐活动有计划、有落实				
4.9	做好区域内标识标志的设计、制作及安装				
5. 餐饮质量考核指标					
5.1	提供餐饮满意率 ≥ 85%，有征求意见表格及反馈				
5.2	每月老人及家属投诉（口头、书面）有改进措施及反馈				
5.3	伙委会会议每月不少于 1 次，有会议记录				
5.4	每天公示食谱				
5.5	每周有食谱计划				
5.6	每天餐具消毒				

续表

本标准满分：500 分 合格标准： 院长： 450 分 主任： 350 分 组长： 260 分 护士： 200 分		满分	得分		
序号	评定项目		自评分数	部门评估分数	公寓评估分数
5.7	每天有 24 小时食谱留样，有记录				
5.8	厨房及餐饮区域专人保洁，确保不因地面湿滑发生老人跌倒				

第五章

乡村养老产业的跨界探索

第一节 养老＋地产

一、养老地产的含义

所谓“养老地产”，其实就是一种以适老化设计作为核心，以泛老人群作为目标客户，以存量或是增量房作为服务载体，以房企与险企等作为主导，通过多种方式、提供房产租售＋养老等组合服务的地产生态。说得简单一点，从纵向来看，养老地产就是养老和地产有机地结合在一起，养老侧重于后端服务与运营，而地产则侧重于前端开发与租售，此二者结合在一起，形成了理论上相对较为完整的产业链，也就是开发、租售与服务运营；从横向来看，养老地产包括四个方面，即开发体系、运营体系、营销体系以及服务体系。

养老地产的发展史是社会需求与市场需求不断演变的结果。然而，不管站在养老地产含义的角度来看，还是站在其发展周期的角度来看，养老地产无论如何也不能绕开“营销体系”这个至关重要的环节。

二、养老地产存在的问题

对于任何行业来说，不管隐性营销体系，还是显性营销体系，都是相当重要且不容缺失的，尤其是对于养老地产而言更是这样。营销体系不仅是养老地产的有机组成部分，而且也是促进其发展的必备力量。但是，当前的养老地产却存在着诸多问题，其根源就在于没有深入地认识养老地产的营销体系或是对其认识存在着错误。

那么，养老地产到底有哪些问题呢？总结起来，主要包括以下几方面：

（一）开发定位不清楚，任意而为

当前，地产商与险资企业为从事养老地产的主体。这类企业大多对自身没有清楚的项目定位，进入养老地产只是为了得到土地及税收方面的优惠，参与的同时，没有充分地认识到养老项目的复杂性。实际上，养老地产需要把地产产品和老年人所享有的社会福利与养老服务结合在一起，这就意味着相较于普通的住宅，这种类型的项目的租售方式将会更加复杂。

此外，普通的房地产项目均是通过销售住宅产品的方式来得到利润的，服务类利润只是十分微小的一部分，可是养老地产的盈利模式却要求对养老服务给予同产品租售同样的重视，这使得养老项目的建设增加了复杂性。比如，2000 年，以养老名义修建的北京某公寓，最终就是由于投资问题，被迫被开发商用高价卖给了白领阶层。在现实社会中，有些开发商会请专人对国家相关养老政策进行研究，他们根本不管什么定位，总是想着用最小的代价将养老地产项目拿下。无论用什么方式都行，然后利用养老项目的名义做别的开发。不过，我们必须要清楚，正是由于从事养老地产的部分主体任意妄为，才使得不少养老地产项目出现了定位错乱的问题。

（二）缺少科学的规划与必要的适老化设计

尽管很多针对泛老群体的地产项目投入了较大的成本，可是项目最终却无人问津，不得不以普通住宅的形式卖出去，而导致此结果的关键原因在于这类项目缺少科学的规划。不少开发商没有准确地掌握市场的需求，所开发的养老住宅没有办法使泛老群体的需求得到满足。

对于住宅，泛老群体有着与众不同的需求，在公共空间，他们对于住宅小区是否具有完备的公共服务设施，社区内老年人保健、医疗、疗养等服务功能是否便利，是否做了充足的适老化设计等更加关注。在住宅内部，不少养老地产项目对老年人居住功能的适老化考虑不到位，比如电梯适老设置、门槛设计以及防滑设计等。与此同时，老年群体的心理特点也是很独特的，比如老年人都具备怀旧心理，对于旧物件很难割舍，有些住宅没有储藏空间，就无法使老年人的这一心理需求得到满足。有些项目在规划设计上只顾着追求所谓的“高大上”，最终不但运营成本太高，而且入住的老年人也不一定适应与满意。

（三）缺乏必要的生活配套设施

因为乡村的地价低，开发成本小，可是周边却缺少基础生活设施，项目内部规划也没有必要的生活配套功能，尤其是缺乏针对养老生活所需要设施，特别是医院（包括社区诊所以及医务室等），老年人的生活非常不方便，基础的生活服务无法满足，养老就成了一场空谈。

（四）运营经验很有限，服务水平参差不齐

虽然养老地产内部有不少服务机构冠上了养老公寓的名义，可是因为没有真正地了解老年人的生活需求，再加上缺乏专业的管理人员与服务人员，致使所提供的服务缺乏连续性与针对性。对于入住的老年人来说，他们难以获得较好的服务。某些地方对国外的经验进行学习与借鉴，这本身并没有错，然而在运营的过程中，并未将当地政策与老年人的实际需求结合起来对运营策略进行调整，因此，个性化的养老服务运营还需要经过长期的努力与探索，才能到达理想的效果。

（五）盈利模式不够清晰，重资产投入

现在，中国养老地产尚未形成能够完全复制的可盈利模式，所有的房企与险企进入养老地产领域后，皆是一边干一边摸索经验。之所以会出现这种现象，有客观现实因素的存在，即除了养老地产发展的阶段受到限制之外，房地产本身的重资产与金融属性，也导致养老地产的前期投入肯定属于资本游戏。而养老产业因为自身的社会属性与服务属性，平均利润率为 5%~8%，相对是比较低的，这也直接造成了投资资本的顾虑，而且二者在衔接与过渡方面，还没有一个比较好的契合点。与此同时，也存在着主观因素，对于养老地产定位的偏见或是短视，直接致使其盈利变得非常复杂，也非常困难。

（六）营销思维，营销执行不到位

如果在做养老地产时，采用房地产营销思维、保险营销思维以及其他行业从事营销的经验，那么是否会起到作用呢?

从客观方面来说，这的确是有用的，可是其效果也是十分有限的，有时可能会达到相反的结果。有的企业尝试利用老年人思维来做营销，但却没有细致地思考何为养老营销，就算有一些思考的成果，可是执行却不到位；有的企业缺乏营销内容，为了将营销任务完成，结果变成了为了营销而营销；有的企业的营销渠道比较分散，针对目标客户的专业性与精准性都需要进一步提高；还有的企业的营销团队缺乏专业能力，并且执行能力也不到位，没有达到承载养老地产发展的水平与标准，缺乏持续营销的理念，从制定政策到人员配备没有办法做到延续与优化升级，极其容易造成营销断层。中国全民营销的意识比较淡薄，缺乏甚至根本就没有“所有养老地产人皆为移动的广告”的理念，从部门的设立到岗位的编制再到服务内容忽视了营销因素的植入，仅仅是单纯地对“各司其职”进行执行。

三、乡村养老地产的享老营销系统

不管是从产业发展的角度来看，还是从营销的角度来看，“养老地产”的概念都是不太准确的。

在《周礼·地官·大司徒》中最早有了“养老”一词，其中是这样写的：“以保息六养万民：一曰慈幼，二曰养老……”养老，实际上就是在别人的养护之下慢慢地老去，直到死亡，或者说在慢慢老去的过程中被他人持续地进行养护。只要是独立的老年人，在其内心都不愿意接受被赡养，之所以会有那么多老年人选择去养老都是由于现实所迫。为什么老年人不愿意接受呢？原来，“养老”会让老年人觉得丧失了自我，它是一个没有尊严的、被动的称谓。

那么，倘若老年人晚年不“养老”，那么他们最想要的生活状态到底是怎样的呢？正确答案为：享老。

对于中国老年人来说，享老才是其想要的生活目标与生活状态，与经济基础没有关系，这是生活的一种态度。那么，何为“享老”？说得简单些就是，老年人自由地享受自己的晚年生活。

尽管享老与养老仅仅存在着一个字的差别，但体现的却是社会对于老年人更人文的关心，对于孝文化更好地传承与发扬，对于整个行业更准确的认识与产业升级的需要，同时也是对老年人内心更多需求予以尊重与释放的有效途径，促使针对老年人的服务质量与服务水平得以提高的根本方法，它对于行业从业者的要求更高、更专业。

因此，不管是从产业发展角度来看，还是从营销的角度来看，将养老地产叫作“享老地产”更为精确。它不仅仅是一个产业概念，同时也是一个营销概念。

作为营销概念，享老是养老地产营销最核心的策略点，一切营销工作都应当以这个点作为中心来展开。它从根本上彻底地将原来养老地产的营销方法颠覆了，由此重新建立了一套更贴近客户，也更接地气的新营销体系，又被称为“享老营销系统”。

享老营销系统包括市场营销与服务营销两个方面。市场营销对外，而服务营销对内；市场营销导入客户，而服务营销留住客户，二者之间相互影响，彼此促进享老地产的发展。

（一）市场营销

市场营销包括营销对象、营销渠道、营销内容以及营销方法。就营销对象而言，享老营销系统强调的是，享老地产的营销不但要将老年人群体作为关注对象，而且还要对老年人的儿女给予高度的重视。这主要是由于老年人的儿女承担着老年人的享老费用，而且儿女的态度直接对老年人群体是不是要加入享老地产有着决定性的作用。

在中国，如果儿女不同意，那么大部分老年人是不可能轻易去购买或是加入享老地产项目的。在这里必须要进行强调的是，享老并非一两个人的事，而是整个家庭的事情。享老也不是老年人或其儿女的固执己见，而是中庸而和谐的美好状态。在项目操盘的过程中，我们经常能够看到儿女逼着老年人入住享老地产或是老年人不顾儿女的意见坚持入住享老地产的例子，最终的结果必然是矛盾不断叠加，问题无法解决。因此，我们必须要强调享老营销系统的营销对象应该是包括老年人及其儿女在内的整个家庭。

关注并深入研究营销对象，使得享老地产的盈利模式的难题有了解决的方向。通常来说，传统养老地产的业务模式包括两种，即房产租售与养老运营。然而，享老营销系统明确地指出，以家庭作为营销对象，享老地产业务链向前延伸可以同时照顾儿童与青年人，向后延伸能够进行享老服务输出，将整条业务链拉长，而且采用异业联盟的方式运营轻资产。

从营销渠道方面来看，在对消费者的消费习惯进行研究之后才将营销渠道确立下来。针对泛老人群及其家庭，享老营销系统以线下为重、线上为辅，线下内容对线上进行支撑，线上线下结合在一起。享老服务原本就属于微利行业，而营销通常是要投入更多的成本，为了用最小的成本完成更多的事情，享老地产的渠道依旧采用线下为主，线上为辅。通常，线下渠道包括两种模式——“走出去”

与“引进来”。其中，走出去的形式可以分成下社区、做路演、参展览以及做地推等；而引进来的形式可以分成办论坛、做发布、引参观以及做培训等。线上传统媒体与互联网广告基本上不需要进行考虑（除了很小一部分品牌广告之外），因为成本实在是太高了，而且目标客户也不精准，很容易导致资金浪费。现在，大部分线上渠道都是以自媒体为主，比如微信、微博等，成本小也能够相对精准地针对目标客户。对于享老地产的品牌营销而言，最佳方法便是采用线下渠道的内容以活动或是新闻的方式，以非常小的成本，甚至无任何成本，即免费在线上渠道进行推广传播。线上与线下密切地结合在一起，如此才可以把营销内容更精确地传送给营销对象。

从营销内容方面来说，营销内容的核心为：引导儿女积极地关注享老地产，有意识地将老年人对于享老地产的渴望激发出来，促使家庭对于享老地产产生共鸣，做感情营销。在定位方面，要重点突出独立自主、被重新重视、享受生活、重返青春以及具备社会价值等；在规划设计方面，要重点突出无歧视、无障碍、适老化以及便捷性等；在配套方面，要重点突出轻资产的医养结合、心灵信仰以及文化艺术等；在服务和运营方面，要重点突出人性互动、无微不至的服务以及专业的团队等。

从营销方法上来看，它对于享老营销系统的重要性包括两个方面——方法选择与方法执行。现在，比较常见、比较容易被老年人接受的享老地产营销方法包括口碑营销、事件营销、活动营销、体验营销以及公益营销等，这些活动的基本原则为参与性、互动性与公益性。其中，活动营销可以分成3个层次：宣讲、大型论坛以及会议等大型活动；参访与试入住等中型活动；日常活动等小微型活动。对于享老地产租售及入住而言，拥有丰富层次的营销活动不但可以促使日常运营的需求得以满足，而且也能够较好地吸引客户。然而，必须要注意丢弃为了做活动而做活动的想法，否则就会适得其反。

对于享老地产而言，事件营销与体验营销非常容易出彩，可是却很难持续，使用必须要恰到时候。而口碑营销则是事件营销、活动营销以及体验营销等叠加起来之后的综合营销手段，其效果在享老地产运营前期或许不是很明显，可是到了享老地产发展中期，它就会促使营销效果呈现出几何效应递增的趋势，与此同时在后期还会促使客户的黏性更强，客户也会源源不断。专业化的服务水平与良好的服务质量是口碑营销的关键所在。公益营销指的是借助公益事件、公益机构与公益组织等开展营销活动，该营销活动所面向的对象为泛老群体。公益营销的最大好处便是能够借助公益的力量用最小的代价为项目、为老年人、为公司创造巨大的财富（既包括有形财富，也包括无形财富）。不过，这里需要特别注意的是，公益营销万万不能变质，不然的话，只要在操作的过程中出现了纰漏，那么企业的形象将受到极大的影响。

享老营销系统再三强调市场营销的核心内容肯定是“享老”，营销对象为老年人以及其儿女，营销渠道为轻资产模式，营销方式为互动型公益化。与此同时，这里一定要对营销团队的营销执行能力进行强调。大部分享老地产的营销团队缺乏专业性，并且执行能力不是很到位，甚至没有履行应尽的责任。因此，不管项目处于哪个阶段，团队领导人必须要以身作则，并且极力邀请行业精英参与其中，对于营销团队进行专业化的营销培训与实操，否则，不但会使很多人力、物力与财力白白浪费掉，而且也会对客户资源带来极大的浪费，甚至会对公司的品牌造成巨大的威胁。

（二）服务营销

大多数行业的营销仅仅停留在市场营销层面，不会再向别的方面进行延伸营销。可是，享老地产的核心是服务，唯有依靠服务才能够走得更好、更远。因此，享老产业应该将营销理念植入其服务中，形成服务营销。如果想要将服务营销做好，需要从下面几个方面着手：

第一，更扎实、更专业、更有温度地做服务。做好服务不仅是做服务营销的前提，而且也是做服务营销的基础。当然了，这里的服务不但包括专门为养老所提供的享老服务，而且也包括营养膳食、保洁、保安、行政以及后勤等一系列配套服务。享老营销系统强调，做服务的前提是具备服务意识，基础是扎实而专业地做服务，将服务做得有温度，可以让客户真切地感受到员工的真心与服务的用心，这种服务才是合格的。要将服务做得生机勃勃，服务本身便是广告，才会让客户产生继续购买服务的愿望。当然了，如果想要将服务做成引人注目的广告，需要具备一整套可行的机制作为保证，并且对服务质量进行监督与保护，如此一来，服务温度才可以保持下去。

第二，将营销职能加入部门编制中并设立岗位职责。享老营销系统大力倡导“一专多能”，在任何一个岗位上将本职工作做好的同时，对自身的资源进行利用，积极地开展营销活动，形成全民营销机制，让所有人都变成享老地产的移动广告。

第三，创建可行且有效的服务评价与反馈机制。服务营销不但要将服务做好，而且还应当创建服务评价和反馈机制，按照客户的实际需求与持续的反馈不断对服务进行调整与优化，让客户加入到服务体系的建设中来。这样一来，服务营销才能够真真正正地起到作用。

第四，增强对服务人员的服务意识与服务技能的培训。不断地提高服务人员的服务意识与服务技能是服务营销有条不紊地开展的前提。定期开展、持续反馈、赏罚分明，这是将享老地产做好的保障。将服务人员的工作做好，才可以达到事倍功半的效果。

随着国家不断地完善养老行业的顶层设计，乡村养老地产也将迎来良好的发展机遇。要知道，享老营销系统不单单是对以前养老地产的创新与重构，更是养老地产将来飞速发展的重要助力！

第二节 养老 + 医疗

在应对老龄化制度体系的建设中，“十四五”时期是至关重要的窗口期。作为一种新的社会养老模式，“医养结合”已经成为“十四五”规划当中养老服务业的发展方向，是一种理想的优势健康资源的整合模型。

近年来，随着全球老龄化大潮与老年人口经济的快速发展，医养结合被提到了非常高的政治日程。《国务院办公厅转发卫生计生委等部门关于推进医疗卫生与养老服务相结合指导意见的通知》中非常明确地指出：“医疗卫生与养老服务相结合，是社会各界普遍关注的重大民生问题，是积极应对人口老龄化的长久之计，是我国经济发展新常态下重要的经济增长点”。中央政治局于 2016 年 5 月在第 32 次集体学习中提出“构建居家为基础、社区为依托、机构为补充、医养相结合的养老服务体系”，把医养结合归入了养老服务体系的重要内容。各种专业都对医养结合概念进行了解读，那么中国的医养结合政策到底要将我们带到什么地方呢？

医养结合或是医养融合中包括三个概念，一个为“医”，一个为“养”，另外一个为“结合或者融合”，为何是这三个概念的有机组合呢？我们必须要非常清楚地知道医养结合的最终目标，在此前提下将时代背景结合起来对中国人的健康需求进行挖掘，将“医”与“养”的本质特征弄清楚，然后进行资源的整合、开放共享，才能够真真正正地将各取所需、因地制宜的医养结合模式找到，为中国百姓与需求服务提供商提供实惠，双赢地实现健康中国的伟大梦想。

一、医养结合的服务对象与目标

对于人类而言，追求健康是一个亘古不变的话题，是对人类全面发展起到促进作用的必然要求，也是推动经济社会发展的基础条件。《“健康中国2030”规划纲要》认为，建立健康中国的战略主题为“共建共享、全民健康”，建设健康中国的根本目的为“全民健康”。在老龄化社会背景下，人们提出了一种新的养老模式，即医养结合。说得简单点儿，医养结合的服务对象为老年人，现在，世界卫生组织与中国在对老年人的定义的划分上，一般都是以自然年龄作为根据的，世界卫生组织认为年龄在 65 岁以上的人为老年人，中国则认为年龄在 60 岁以上的人为老年人。在判断一个人是否为老年人，不仅仅将其自然年龄作为依据，还要将其生理年龄、心理年龄以及社会年龄考虑在内。以健康作为标准能够将老年人划分成三种类型，即健康老年人、亚健康老年人与患病老年人。

在现阶段，学术研究也好，具体实践也罢，医养结合主要将需要长期就医的老年人作为服务的对象，以患有疾病的老年人，比如失智 / 半失智、失能 / 半失能老年人、慢性病急性发作老年人、各种类型的器质性疾病终末期以及癌症晚期老年人等为主。并且由此演变而产生医养结合的服务内容，最常见的描述为“医养结合”服务不但提供日常生活照顾、精神安慰以及社会参与，而且还提供医疗护理服务，比如保健、预防、康复、护理以及临终关怀等，有人甚至提出将其叫作“护养结合”或者“康养结合”。

专家表示，医养结合不单单是狭义的医疗机构与养老机构在资源与功能方面的有机整合，还强调提供多方面的健康照顾，比如养生、预防、医疗、护理以及康复等方面内容，也是整个医疗卫生服务体系和社会养老服务体系根据人类大健康目标在提供服务、组织管理、治理机制以及筹资支付等方面对资源进行匹配与对功能进行融合的系统整合，包括了水平整合、垂直整合、虚拟整合以及实体整合。在机制的实际运行过程中对整合、协同与融合的重要概念进行强调。

医养结合中的活动主体包括服务主体（供方）与服务客体（需方），不单单包括健康的老年人、亚健康的老年人以及患病的老年人，而且还包括老年人的家人及医疗、康复、护理、养老服务提供者或者机构以及整条养老服务产业供应链上的服务个体或是团体，医养结合中的活动主体涉及到了整体的社会人。医养结合养老模式不单单是医疗卫生服务系统与社会养老服务系统共同的事业，其所要创建或者提供的是关于人的健康服务，是一项所有社会成员都应当加入并且与自己利益有着密切关系的事业。医养结合的终极目的不但要促使健康中国老有所养、老有所依得以实现，而且也要促使老年人的“独立、参与、照顾、自我实现和尊严”得以实现（第46届联合国大会，《联合国老人原则》，1991），同时也是推动中国医疗改革与社会养老服务体系进行改革，促使健康中国与和谐社会得以实现的有效途径与方法。

二、医疗、养老及医养结合之间的关系

（一）医养结合可以对养老服务的社会化、产业化及专业化起到促进作用

医疗与养老现在已经存在的定位分工、行业准入标准、行业服务标准、支付以及保障体系等使得医疗与养老在现在与未来很长时间内都会继续归属于不一样的行政部门，也就是医是医，养是养。医疗归属于医疗卫生服务体系，而养老隶属于社会养老服务体系。

不管是前者，抑或是后者，在未富先老的社会背景下都急切地需要进行一场伟大的改革和联姻，一起应对十分显著的医疗资源倒三角和健康需求正三角之间相当大的矛盾。与此同时，老龄化社会对社会经济、养老保险筹资、医疗保障、个人家庭经济以及养老服务供需平衡等造成了相当大的压力。

医养结合政策具有以下三方面的作用：

第一，有助于促使医改深水期所面临的各种问题得到缓解，比如，医疗卫生资源配置失衡、医患之间的关系比较紧张、不合理的就诊患者流向、不理想的卫生保健质量、看病既困难又昂贵等问题。

第二，对养老服务体系改革进行深化，对老龄化社会

中政府职能进行转换，从以前由政府独自对养老责任进行负责，转变为由政府、养老机构、社区以及养老驿站等组织一起对养老责任进行负责。

第三，从以前单纯地由医疗卫生服务系统对老年人的健康进行负责，转变为由个人、家庭以及养老服务等一起对老年人的健康进行负责，促使医患之间的紧张关系得以缓解。政府变换职能从创建保障体系与对老年产业的发展进行引导，充分将政府引导与市场资源配置的作用发挥出来，对养老服务的社会化、产业化以及专业化起到较好的促进作用。

（二）医养结合可以有效地对医疗服务市场进行整合，对社会及老年人的健康权益起到保障作用

在如今这个时代背景下，医养结合养老模式是社会发展的必然产物。医疗改革的主要目标便是让人们最后可以享受到安全、有效、便利、价廉的医疗。医养结合不单单能促使养老驿站或者医养结合养老机构的数量不断增加，更重要的是对医疗资源与养老资源进行整合和优化。在医养结合的医疗养老服务模式当中，按照患者的实际情况推行不一样的制度安排，一种患者是能够彻底痊愈的，带着医生的嘱咐入住康复医院或者护理院，在那里获得积极护理与康复服务，直到完全康复；另一种患者是没有办法彻

底痊愈的，他们更加需要日常照顾，而医疗上侧重于对病情进行保守的控制。针对这类不一样的需求，便有了医疗服务与社会服务的区别，从进入医院就诊、治疗、接受康复护理，直到彻底痊愈，都属于医疗服务；而以日常生活照顾为主的服务，则隶属于社会服务。区别对待能够较好地防止医疗服务成本过高。

医疗服务属于一种十分稀少又极其特殊的商品，医疗服务在发病与治疗上都存在着不确定性，与此同时，医生与患者之间的信息是不对称的，患者及其家属是不可能加入医疗议价过程的，药品价格虚高是对医患之间的关系造成巨大影响的因素。医养结合养老模式将市场竞争机制引进来，把老年人健康权益与消费服务打包起来给了医养结合养老责任主体，给了责任主体参加医疗质量监督与议价的权利，这对于保证老年人的健康权益有着很大的帮助。

医疗服务市场并不具备充分的供给，医养结合养老模式将长期照顾模式引进来，给予了护理与康复服务的主体足够的重视与地位；以多元化的健康管理与社会服务形式积极主动地承担一些原本应该由医疗卫生服务机构（医院、公共卫生等）承担的公益性的延伸服务，有效地对医疗服务市场进行补充。这不仅促使医疗团队的非医疗性事务负担得到了缓解，使社会的健康服务能力获得了提升，而且还在一定程度上使医生与患者之间直接的冲突得到了缓解，对和谐医疗环境的建设起到了促进作用。

另外，在医养结合模式之下，建立养老机构与医联体之间双向转诊机制，为老年人的急诊或者非急诊创造了一条绿色的就医通道。入住养老机构的老年人可以更快速、便利地得到质量较高的医疗与护理服务，有效地促使老年人就医难题得到缓解，与此同时，医疗机构有效地使床位的周转率得到了提升，促使医疗资源的利用效率得到了较大提高。医疗机构和养老机构之间设立人才培养与技能培训帮扶机制，对于推动社会养老服务的专业化进程有很大的帮助，可以使养老护理专业照顾的质量得到大幅度的提高。

三、医养结合的常见模式

现阶段，中国医养结合的养老模式正处在起步的阶段，医养结合比较常见的模式包括资源的融合与机构的整合。如果从资源融合的角度来划分，那么医养结合的养老模式包括合作模式或双向转诊模式、内设模式、转化模式以及输出模式。如果从机构整合的角度来划分，那么医养结合养老模式主要包括医中加养、养中加医、医养相邻以及上门服务。另外，按照医养结合双方资源体量来划分，医养结合养老结合模式又可以分成大医疗加小养老、大医疗加大养老、小养老加小医疗以及大养老加小医疗等。这里，我们主要对从资源融合角度来划分医养结合的模式进行具体的介绍。

（一）合作模式或双向转诊模式

当前，合作模式或双向转诊模式是实践最为广泛并且效果最显著的一种结合模式。通过创建医疗资源与养老资源的合作关系与双向转诊，促使医疗卫生与养老服务资源有条不紊地进行共享得以实现。主要包括医疗机构与养老机构之间的合作、医疗机构和养老社区之间的合作。其中，医疗机构与养老机构之间的合作，比如河南郑州第九人民医院带头和郑州 31 家养老机构一起组建了河南省老年医养协作联盟；中南大学湘雅三医院和湖南康乃馨老年病医院签订合作协议，一起创建医院管理委员会，湘雅三医院委派院内经营管理团队与医疗专家入住康乃馨老年病医院，一起创建以老年保健和老年病治疗为特色的综合医院。而医疗机构和养老社区之间的合作，比如北京双井恭和苑老年持续照料生活社区和北京急救中心合作，在社区内建立 120 急救站，和定点医院进行合作，促使双向转诊得以实现。随着分级诊疗工作的推行，将来极有可能推出医联体和养老机构之间的合作以及医联体和养老社区之间的合作等形式。

郑州市老年病医院（郑州市第九人民医院）积极探索“医养结合”新型服务模式，成立了“河南省老年医养协作联盟”，吸纳养老机构、医疗机构加入联盟，发展成员单位60多家，实现了养老机构与医疗机构的横向结合，充分融合了养老和医疗资源，形成了“小病不出养老院，大病转诊进医院，愈后转回养老院”的合作模式。

（二）内设模式

在养老机构或者养老社区内部建立医疗机构，也就是养中加医，比如厦门对于本市内10家经过民政局审核并批准的养老床位在150张以上的养老机构单独建立医疗机构，以护理机构建设标准作为符合条件，批准申请在内部设立保健站、医务室、卫生所以及门诊部等医疗机构，由人社部门及时对这些医疗结构医保定点的资格进行开通，推行医保定点刷卡结算。浙江省非常明确地给出了这样的规定：100张床位以上的护理型养老机构都要配建医院，其余机构可内设医疗机构或与周边医院合作。截至2016年9月，浙江省已有317家养老机构配建或内设医疗机构，783家养老机构与医疗机构签订合作协议。

在医疗机构内部设立养老机构（医加养），比如重庆青杠老年护养中心，是全国第一批试点医养结合的养老院，以重庆附属第一医院的权威医疗诊疗护理技术作为依托，为老年人提供专业化的医疗保障。这个养老中心建立了 3000 张养老床位、1000 张医疗床位、500 张护理床位以及 1500 套老年公寓。由普通护养区、老年医院、学术交流中心、临湖护养区、临湖疗养区以及护理职业学院构成，集护理、医疗、康复、传统养生、生态养生以及养老于一体。

（三）转化模式

通过把医院转化为老年康复院、护理医院以及养老机构的方式，或者把医院某些资源转化为老年病床，对区域性专业养老照护能力起到促进作用。比如，全国多个县市先后颁布了对某些一级与二级医院转型成护理院、康复院或者养老院进行鼓励的政策。北京市胸科医院被改建成了北京市老年病医院，北京市化工医院转型为老年护理医院。瑞普华老年护理中心租用北京市丰台华山医院两层病房，由医院提供医疗用药服务、护理中心提供护理服务，通过这种合作模式，医院将闲置的床位出租，解决了生存问题，而老年护理中心坐落在北京市丰台华山医院里，不需要另外建设或租赁房屋，降低用地用房成本。2016 年，北京市卫生计生委、市发改委等 9 部门联合颁布了《关于加强北京市康复医疗服务体系建设的指导意见》，明确北京部分公立医院将转型为康复医院，一些医院的部分治疗床位还要转换为康复床位，首批就有 6 家二级医院于 3 年内转化为康复院。

（四）输出模式

通过医疗机构或者与家庭医生签约，居家养老服务中心与社区日间照料中心直接向社区居家老年人提供医疗护理和康复服务输出，包括家庭护理、家庭诊疗、家庭病床、临终关怀等医疗服务与健康咨询，还包括药品代购、医院陪护以及委托医疗机构定期巡回为病人治疗等助医保健类服务，以便满足老年人享受及时、就近、便利的医疗与康复服务。

第三节 养老 + 科技

一、全球养老 + 科技产业发展现状

在 2013—2016 年，全世界范围内已经有 2000 多家老年科技类创业企业被报道过。尤其是随着美国婴儿潮一代进入老年（从 1946—1964 年，婴儿潮人口数量达到了 7600 万人）与欧洲老龄化越来越严重，西方经济发达的国家在最近几年开始出现了众多为老年人服务的轻资产创业公司，其范围涵盖了老年社交、金融服务、健康管理、康复护理、文化娱乐以及智能科技等，出现了不少专门对老龄创业项目进行投资的投资机构、孵化器以及各种类型的营利性组织。

为了可以对国外养老 + 科技产业创业的现状有一个清楚的了解，我们将 200 家国外养老 + 科技产业创业公司搜集起来，分别从不同的维度对这些公司进行了统计分析，统计的结果如图 5-1 所示。

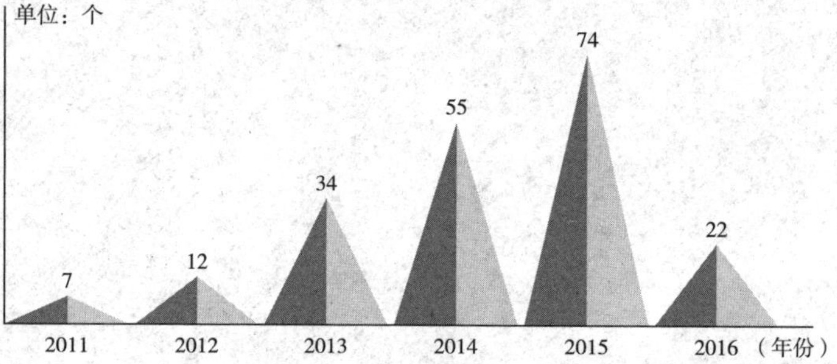

图 5-1　2011—2016（第一季度）年国外养老创业公司数量变化趋势

图 5-1 显示出 2011—2016 年国外养老创业公司数量变化的趋势，从中不难看出国外养老创业的浪潮从 2012 年开始兴起，国外养老创业公司的爆发期为 2013—2015 年，在这段时间内，创业项目的数量迅速地增长。之所以会出现这种趋势是因为多种因素叠加而导致的：第一，与欧美婴儿潮一代开始以较大的规模步入老龄化有很大的关系；第二，新兴智能科技，比如，互联网、物联网等的发展，有效地促进了针对老年人群特征的创业公司大量出现，其中的重点方向为远程医疗、老年护理、慢性病管理

以及智能硬件等领域。

图 5-2 显示出获投项目数量的变化趋势，从 2013 年开始，投资机构投资养老创业领域项目数量有了大幅的增长，在 2013—2015 年这段时间内持续增长，这在很大程度上与养老创业公司的热度是一致的。从长期来看养老产业，在未来几十年内都会保持不断增长的趋势。在国外，有非常多的投资机构都把养老产业视为面向未来的战略性产业，所以，出现了很多专门针对养老创业的服务组织与孵化器。这些服务组织与孵化器正在向全世界范围内进行扩展。

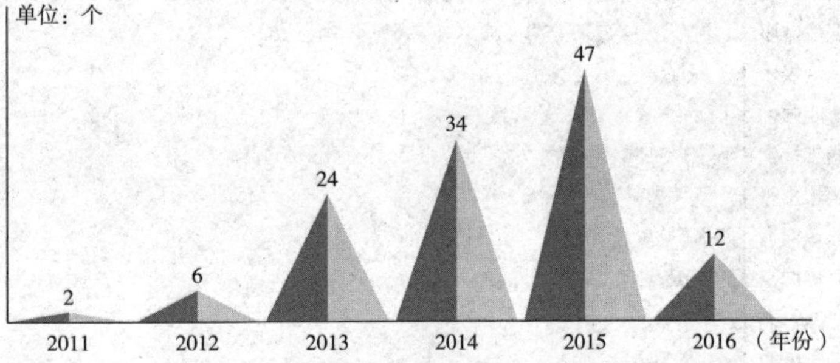

图 5-2　2011—2016（第一季度）年国外养老领域获投创业项目数量变化趋势

图 5-3 为这 200 家养老创业公司在 2011—2016（第一季度）年在养老创业项目细分领域的分布图。可以看出在国外，老年护理是养老创业最为集中的领域，200 家中共计有 42 个，在总数中所占的比例为 20.2%，其次为老年医疗健

康方向，其项目数为 33 个，在总数中所占的比例为 15.9%，二者加起来所占的比例大于 1/3，这种现象与医疗护理服务的重度需求人群为老年人群有着十分紧密的联系。休闲娱乐排在第三位，共计 26 个，在总数中所占的比例为 12.5%；智能硬件排在第四位，共计 24 个，在总数中所占的比例为 11.5%；老年社交排在第五位，共计 15 个，在总数中所占的比例为 7.2%。其他方向还包括：营养均衡、老年健身、美容保养、老年教育、智能养老、老年电商、老年金融、老年家具、老年出行以及老年汽车等。

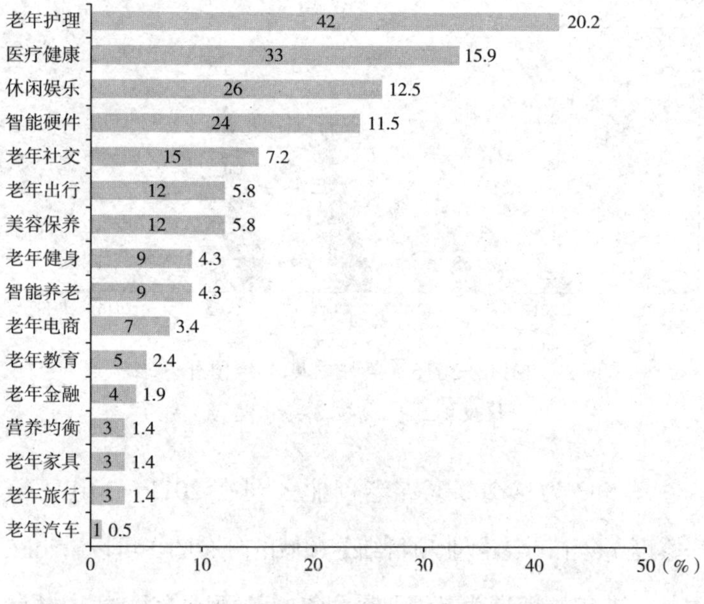

图 5-3　2011—2016（第一季度）年国外养老创业项目细分领域分布图

表 5-1 国外公布融资金额的养老创业项目列表

公司名称	融资总额（美元）	细分领域
Lively	7 300 000	医疗健康
Insensi	2 400 000	智能硬件
Tapestry	600 000	老年社交
Hometeam	5 000 000	老年护理
Breakroom	385 000	智能养老
Q Bioscience	111 400 000	医疗健康
Assure Technologies	20 000	老年社交
Vimty	125 000	医疗健康
V Msme!	55 000	老年社交
Canada Enterprises	650 000	老年电商
K4Connect	1 900 000	老年社交
Tap Tap	50 000	智能硬件
HAUSCARE	40 000	医疗健康
liteUp	40 000	老年教育
MaryJanes World	50 000	医疗健康
Salespoint Mobile CRM	225 000	智能硬件
KidMastermind	500 000	应用平台
Alcohol Deliverices	20 000	老年电商
BP Fitness	25 000	医疗健康
平均融资额	688 342	

表 5-1 统计的已经公开投资金额的养老创业公司列表，其中，一家名为 Q Bioscience 的医疗技术公司投资的金额是最高的，高达 1.114 亿美元，额度最少的仅仅为 2 万美元。这些项目的平均融资额是 68.8 万美元。

图 5-4 为国外养老项目融资金额分布图，有 5% 的项目的融资金额在 1000 万美元以上，有 27% 的项目的融资金额在 100 万 ~1000 万美元，有 36% 的项目的投资金额低于 10 万美元。从总体上来看，国外养老创业项目投资金额还是较小的。

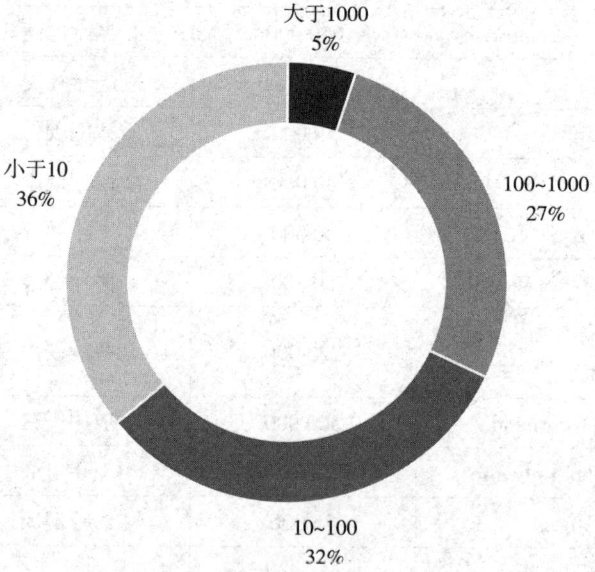

图 5-4　2011—2016（第一季度）年国外养老项目融资金额分布（单位：万美元）

随着年龄的持续增加，老年人的身体机能由于自然衰老而不断降低，所以，人们对老年疾病医疗产品与服务的需求也在持续增长。不少老年疾病，比如心脏病以及高血压等的特点为病程较长、可以控制，但却不能治愈。这些特点促使了患有疾病的中老年人群对互联网医疗健康服务需求的迅速增长。

图 5-5 是针对年龄“50+ 人群”的国外互联网医疗领域投资金额在互联网医疗总投资中所占的比例。在 2010—2015 年这段时间内，互联网医疗健康领域基本上有 50% 的投资资金、交易数量均是为“50+ 人群”的创业公司服务的。对中国未来互联网医疗创投市场而言，国外针对这个领域的投资趋势在方向性引导上具有至关重要的参考意义，投资机构与创业者应当将这个趋势把握住，提前进行布局。

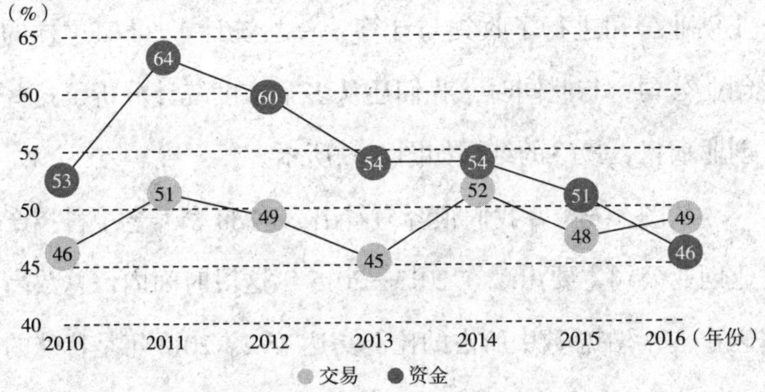

图 5-5　在互联网健康领域，针对“50+ 人群”的投资额占总投资的比例

根据美国退休人员协会（AARP）统计的互联网健康领域针对“50+ 人群”的投资机会，分为九大细分领域：老年社交、情绪管理、营养膳食、肢体锻炼、老年急救、体征检测、照护服务、医疗管理以及减缓衰老。在2010—2015 年这段时间内，这个领域创业投资交易数量总数高达 1080 个，其中，照护服务方向项目有 201 个，其数量是最多的，其次为体育健身，所占比例为 19%。

二、中国养老 + 科技产业发展现状

因为中国养老 + 科技产业还处于起步的阶段，创业项目的数量还不多，为了清楚而具体地认识中国养老 + 科技产业发展的现状，我们通过公开渠道对国内养老 + 科技产业创业公司进行了收集与计算，总共统计了 88 家这样的创业公司，与此同时，我们还从多个维度统计分析了这些创业项目，最终的结果如图 5-6 所示。

从图 5-6 中，我们很容易看出，这 88 家养老 + 科技产业创业公司主要出现在 2013—2015 年这段时间内，总数高达 66 家，在总数中所占的比例高达 75%。2013 年是特殊的一年，它不仅是中国养老产业的发展元年，而且也是国内养老 + 科技产业创业公司建立的爆发年。按照我们线下与市场

一线进行接触的经验，这几年建立了很多没有被报道的养老产业创业公司，随着养老市场的发展需求，在未来几年将会大量地出现一批高质量的创业项目。

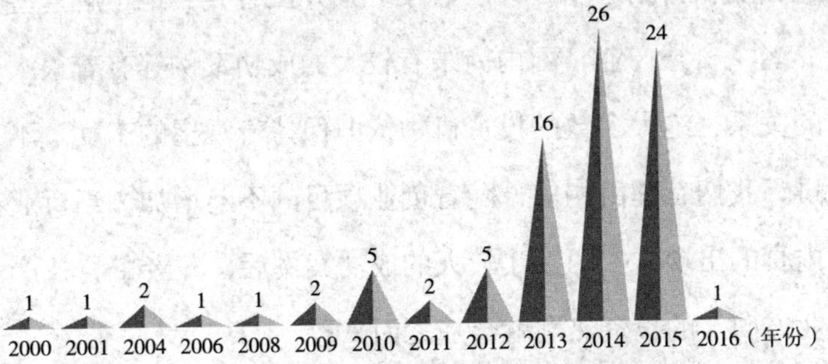

图 5-6　2000—2016 年中国养老 + 科技产业创业项目变化趋势

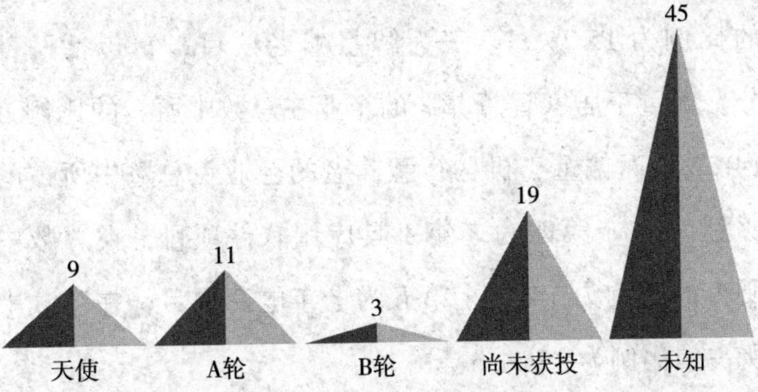

图 5-7　2000—2016 年中国养老产业创业项目获投阶段分布情况分析

如图 5–7 所示，现在，国内大多数养老项目还处于未获投与未知状态，而国内已经获投的养老产业创业项目大多数集中在天使轮与 A 轮，这与当前国内养老 + 科技产业创业项目刚起步，大多数投资人并没有充分地了解这些养老 + 科技产业，国内尚未有较大的成功案例等有着很大的关系，绝大多数的投资机构依旧保持着观望的态度。不过，我们有理由相信，随着创业项目的不断增加，当行业内真的出现了一两家比较大的成功案例后，养老 + 科技产业方向上的投资热潮就会随之而来。

现在，老年护理领域是国内养老 + 科技产业创业最为集中的方向，护理项目在总数中所占的比例为 18.1%；第二为老年智能硬件，其项目数在总数中所占的比例为 15.7%；第三为智慧养老项目，它包括两部分，偏重于居家智慧养老的企业在总数中所占的比例为 14.5%，而偏重于机构智慧养老的企业在总数中所占的比例为 6%；第四为老年工具应用软件项目，在总数中所占的比例为 14.5%；第五为老年电商项目，在总数中所占的比例为 12%。

图 5–8 为国内 15 家老年护理项目创建时间的分布情况，2015 年为这种类型项目出现的高峰期，在这一年总共建立了 9 家创业公司，在总数中所占的比例为 60%。这

与当前养老市场政策，以及市场慢慢地意识到现阶段老年人最大的刚需为康复护理需求有着十分紧密的关系。

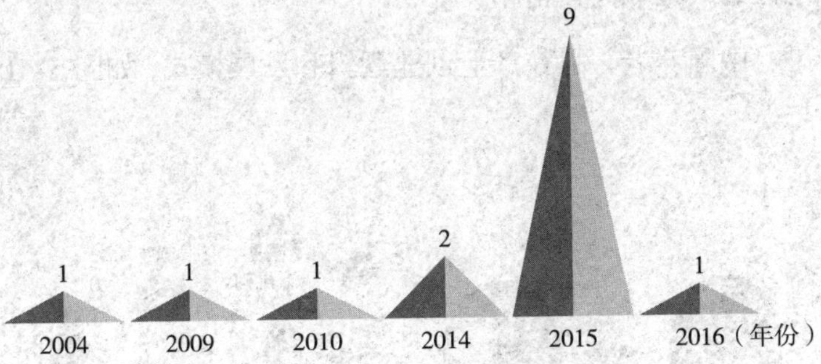

图 5-8　2004—2016 年中国老年康复护理创业公司数量分布

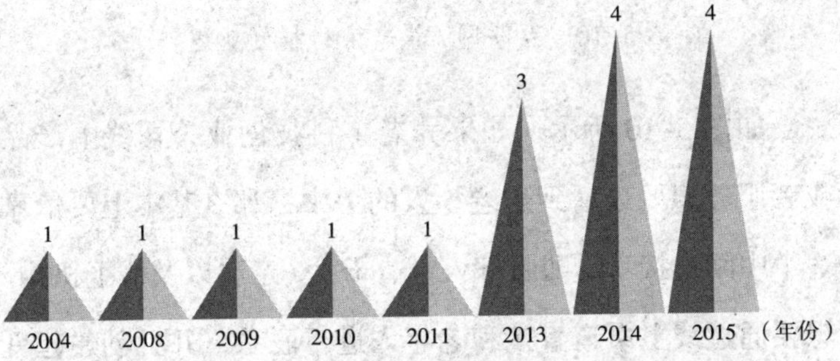

图 5-9　2004—2015 年中国智慧养老企业成立时间分布状况

图 5-9 为国内 16 家智慧养老企业成立时间分布状况，我们很容易看出，智慧养老公司成立的时间主要集中在 2013—2015 年，总计有 11 家，在总数中所占的比例为

69%。之所以会出现这股浪潮，与这几年出现了数量巨大的商业性养老机构，以及政府大力推动的居家养老占主导地位的政策取向紧密相关。

中国养老 + 科技产业创业逻辑和发展模式，如图 5-10 所示。

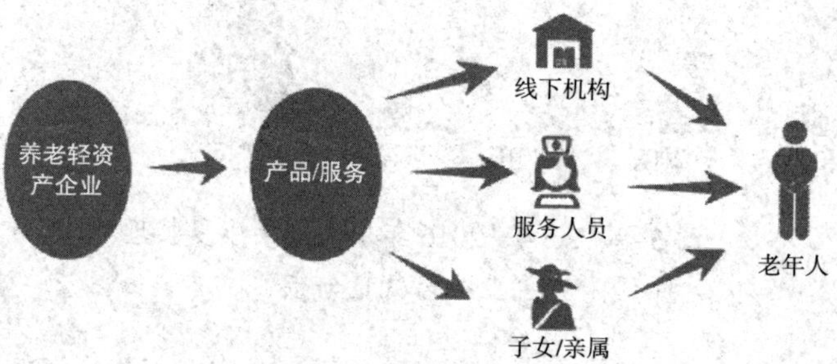

图 5-10　互联网 / 养老 + 科技创业逻辑

如图 5-10 所示，如果养老 + 科技创业公司线上产品或者服务想要最后到达老年人的手中，那么基本上要依靠 3 个中间连接者，即服务人员、子女 / 亲属以及线下机构。想要通过线上渠道直接和老年人进行联系，并且创建起良好效果的商业模式，很遗憾，在当前的环境中，这条路是不可能走得通的。对绝大多数老年人而言，线上的产品和服务一定要依赖于中间人与机构，才可以间接地抵达老人的手中。所以，在养老 + 科技产业创业这块，面向 TOC 市场，创业公司一定要先将与服务人员、子女 / 亲属以及线下机构的直接联系建立起来，这种商业模式才会有走通的可能。专家表示，或许B2B2C是一种更有效的发展途径，换句话说，在养老+科技产业创业路上，怎样将最后一公里打通，创建面向老年人的分发渠道，才是取得成功的关键所在。

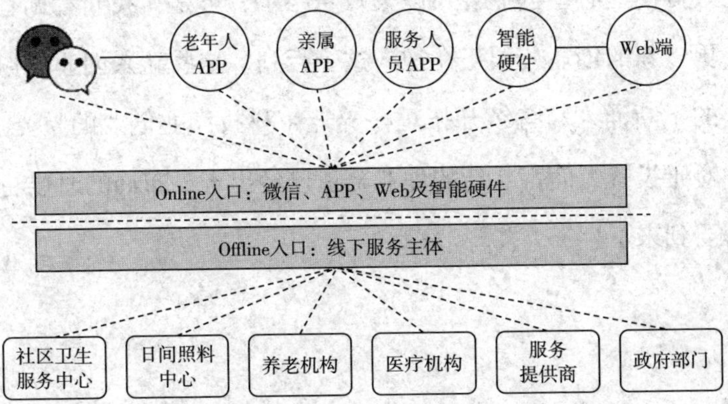

图 5–11　互联网 / 养老 + 科技创业模式

图 5–11 展示了养老 + 科技产业创业模式和其机会，包括了养老产业线上线下的各参与主体。通过互联网 +，对互联网、服务网以及物联网进行整合。在图 5–11 中，以老年人作为中心的线上各主体之间，线上和线下机构之间，线下机构和线下机构之间，怎样创建连接关系都有着数量巨大的轻资产创业机会，在现实社会中，图中的不少创业方向都可以找到与之对应的创业公司。我们从老年人

应用软件的开发方向看见了“轻健康5060”定位于老年社交网站；我们从老年人与亲属之间看见了“松鼠相框”；我们从亲属和医护/服务人员之间看见了“二毛照护”；我们从亲属与线下机构之间看见了“护龄家”；我们从线下机构与线下服务提供商之间看见了“麦麦养老”等。在某些方向上有些创业公司以失败告终了，可是，我们看见有更多新的创业公司正在加入这个行列，这些新兴创业公司的不断涌入与持续开拓正是养老+科技产业创业的曙光。对于投资人而言，新的创业赛道已经出现，布局的时候将要到来了！

第六章

中国乡村养老产业的创新发展方向

第一节 乡村养老产业体制的创新

对于中国养老服务业的发展，党与政府给予了高度的重视，在经济发展水平还不高、财政状况并不理想时，国家依旧每年都会定期投入巨额资金，用来发展中国养老服务业。随着经济发展水平的不断提高，中国对养老服务产业的发展更加重视了。如今，中国养老服务产业体制急需创新。

一、中国养老服务产业体制创新的紧迫性

（一）社会养老服务需求迅速膨胀

随着中国老龄化程度的不断增快，不但中国老年群体的数量越发多了，而且老年群体中对于社会养老的需求也

在持续地增长。与此同时，随着人们的生活越来越好，老年人的经济承担能力持续增强，对于社会化养老的需求也有了一定的增加。越来越多的老年人要求住进养老服务机构中，要求社区为他们提供各类老年服务。但是，现阶段中国社区的养老设施还不够先进，缺少相关的专业人员，并且服务质量有待提高。这一切都与中国老龄化发展的形势是不相适应的。

（二）传统家庭养老模式遭遇挑战

随着现代化的快速推进，中国家庭结构逐渐小型化，老人家庭与空巢家庭越发多了起来。不管是单身家庭，还是老人家庭，都呈现出快速增长的趋势。再加上“421”家庭结构的持续增多，更使得照料需求和照料供给的矛盾一天比一天尖锐了。这个客观现实，强烈地要求增加发展养老服务机构的力度，对老年人的照料服务功能进行强化，以便对家庭养老功能进行补充，对社会的稳定进行较好的维护。

（三）老年人经济承担能力持续增强

站在经济能力角度来看，中国老年人的再就业收入、退休金以及赡养费较前几年都有了一定的增加。根据权威部门推测与计算，如今有相当多的老年人都可以承担 1100 元~1200 元 / 月的养老费用，也有一些能够承担 1500 元 / 月，甚至是更高的费用。而且，由于受到中国传统“孝”文化思想的影响，大部分的儿女能够承担老年人的部分养老费用。所以，随着经济水平的不断提高，老年人的经济承担能力将持续地增强，这就为老年健康产业的发展创造了基本的经济条件。而推进社会化与产业化，还需要体制的创新。

二、中国养老产业化发展的体制创新及其原则

在计划经济下，养老服务属于社会福利不可缺少的一部分。如今，中国养老服务已经发展成了一种产业，这就要求必须要对体制进行改革与创新。中国的实际国情决定了养老服务产业体制的创新一定要遵从下面的三个原则：

（一）社会养老服务发展水平要与经济发展水平相适应

作为一种社会福利，社会养老服务在某种程度上标志着社会经济的发展。它是通过免费或者低价为社会的老年弱势群体提供方便与实惠，以提升生活水准与质量，所以在社会保障体系当中处在一个很高的层次。这就足以说明，与其他社会福利一样，社会养老服务发展水平要和经济发展水平相适应。然而，现在中国养老服务与产业发展还落后于经济社会的发展，无法满足城乡居民的需要。所以，如果想要使广大的老年群体生活的现实需求有所保

障，使社会保持稳定，创建和谐的社会，那么就一定要建立适应于现代经济发展水平的养老服务保障体系。

（二）社会公平要和市场效益相结合

创建社会主义和谐社会，要以解决人们最为关注、最现实的利益问题作为重点，大力促进社会事业的发展，促进公平正义。对于发展社会主义市场经济，促进社会和谐而言，公平正义不仅是一项至关重要的价值选择，而且也是所有类型的社会都必须面对的相当重要的政策选择。但是，自从中国推行市场经济以来，有不少人都觉得中国社会保障制度改革应当以“效率优先，兼顾公平”作为原则，觉得政府应当退出社会保障方面的角色，而社会保障方面的问题应该交由市场来解决。中国社会存在着一定程度的贫富差距，从侧面说明，有很多社会成员还没有享受到经济发展的成果。如果不能够解决这种分化，那么就会对社会的凝聚力以及社会稳定造成严重的不良影响。

当然了，这并不意味着目前中国的养老服务等社会保障依旧采取计划经济时代那样完完全全地由政府进行包揽的体制，在养老服务领域实施市场化、社会化以及产业化属于一种不可改变的趋势。不仅要开始实施，而且要增快推进的速度。唯有推行市场化，才可以更合理地配置社会养老资源，使之得到进一步的优化，从而促使养老服务水平与养老的社会保障能力得以提高。所以，无论中国养老服务产业体制怎样进行创新，都不能够违背社会公平和市场效益相结合的原则。政府在提供市场原则给养老服务产业的时候，仍应保障社会的公平。

（三）养老服务发展规律要和中国特色相结合

站在国际养老服务发展规律的角度来看，养老服务经历了三个发展阶段，也就是个人、社会组织与慈善机构养老，福利国家养老，政府养老与养老市场化兼行。并且，发达国家步入第二阶段的支撑皆为发达的经济水平：与发达国家相比，中国是在经济还不发达的前提下来面对人口老龄化问题的，属于非常典型的“未富先老”国家。所以，在对人口老龄化所导致的养老问题进行解决的时候，我们不可以完全按照西方的高福利政策行事，还应从中国的实际国情入手，实事求是地进行改革与创新，创建与中国实际国情相符的养老模式与养老制度。

第二节　乡村养老产业服务内容与方式的发展趋势

随着社会经济的飞速发展，人们生活水平的不断提高，传统的居家养老模式已经满足不了中国现阶段老龄化发展的需求了。

一、养老服务内容与养老服务方式的发展趋势

（一）养老服务的内容

老龄人口作为一个特殊的群体，其身体与心理所处的特殊阶段，决定了养老服务的内容也是与一般服务不同的。老年人养老服务的内容主要有家政服务、生活照料、医疗保健、康复护理、精神慰藉以及老年用品的提供等。中国长期存在着互补的多种养老经营模式，现代化社会养

老服务理念一天天成熟起来，管理水平逐渐地提高，慢慢地被老年人与其儿女所接受，于是，出现了优秀的养老机构供不应求的情况。中国社会化养老处于刚起步阶段，还需要依靠政府作为基础，社会各方积极参与，合理地进行布局。参考国外养老经验教训时必须要慎重，养老福利要有序地尝试实施，走具有中国特色的养老道路，对已经成功的养老机构管理模式进行研究与推广，朝着养老机构多元化、运行机制市场化、资金筹集多渠道、专业人员渗透主角化、服务功能立体化、管理标准规范化以及建筑科学花园式的方向进行发展。

（二）养老方式的发展趋势

在很长一段时间里，中国一直都是传统家庭自给自足的生产生活方式，这种生产生活方式一直持续了几千年。所以，家庭养老的思想可以说是根基深厚，不可动摇的。新中国成立后，中国传统文化中尊敬老人、爱护老人的风尚获得了延续，对于城市企业职工与国家公职人员的养老，是直接由国家进行负责的，而对于乡村的老年人，政府也会给予一定的帮助。然而，这个阶段中国的养老方式仍然是以家庭养老为主。后来，随着改革的开始，市场经济的逐步深入，人们的生活方式发生了巨大的变化，劳动力流动就业得到了较大的增加，在这种情况下，传统的家庭养老方式遭遇了强大的冲击，有了不少留守老人与空巢老人。所以，中国家庭养老的局面开始发生改变，社会化养老慢慢地发展了起来，并且已经开始从以家庭养老为主、社会养老为辅，向以家庭养老和社会养老并重的养老模式进行过渡，如今，中国养老服务体系便是以居家养老作为基础、社区养老作为依托、机构养老作为支撑的原则创建起来的。

二、养老服务方式的创新

（一）服务理念的创新

中国拥有着五千年的文明历史，它决定了中国传统的道德观念，其中，孝文化向来是中国推崇的。然而，步入21世纪之后，我们发现，在新形势与新环境下，中国某些传统的养老服务理念已经不适合了。不是说现在的年轻人缺乏孝心，而是在现代经济与社会条件下，我们应当将以前某些不符合现代的传统养老服务理念加以改变。不管是传统家庭式的养老方式，还是由社会与集体包干养老的方式，都已经与中国现在的经济发展彻底地脱节了，根本没有办法解决中国十分突出的老龄化问题了。所以，我们一定要对养老服务理念进行创新。

（二）服务体制的创新

中国走的是中国特色社会主义道路，基本的经济制度为市场经济，这就体现出中国作为社会主义国家的与众不同。从 1999 年中国步入老龄化社会以后，养老服务体制经过了十几年的变化，仍然不够完善，权利与责任的界定不够明确，政策落实有一定难度，监管机制还不健全，相关的法律法规也都有待完善。尽管有不少国家比中国先迈入了老龄化，并且其中某些国家在解决养老服务问题上做得非常不错，十分值得我们去学习与借鉴，但是我们一定要明白，中国与这些国家的国情是不一样的，相较于他们，中国的经济基础比较弱，这决定了中国必须要寻找适于本国国情的养老服务体制，在这种情况下，创新是必然要进行的。

（三）服务模式的创新

中国的养老服务模式不止一种，其中有不少是适合我国的社会经济发展需求的，需要国家与政府的支持与鼓励。然而，也有一部分对于解决中国老龄化问题并不适合。在经历了多年的探索之后，在养老服务模式方面，中国已经确定了以新型居家养老服务作为基础，以社区养老服务作为依托，以其他社会化养老方式作为补充的养老模式。然而在其细节上仍然需要我们继续进行创新。

（四）服务技能的创新

养老服务技能不应该是单一的，而应当是各种各样的，中国在很长时间内，服务技能与服务方式均太单一。随着中国经济的不断发展，并且成功地与国际接轨，中国慢慢地开始引进国外的先进养老服务技能。这属于一种好现象，可是这并不意味着我们就能够直接照搬套用，而应该在借鉴那些先进养老服务技能的基础上，结合我国的实际国情，进行服务技能的创新。

（五）工作方法的创新

在养老服务方面，国家政府部门究竟要发挥多么大的作用，政府现在在各方面所进行的改革，是否应当向养老服务领域进行延伸，是需要我们进行深入思考的问题。

第三节　中国乡村养老产业发展的方向

随着老龄化程度的加剧，中国老年人口数量迅速增长，为中国养老服务业的发展提供了相当大的消费市场，尤其是现代人生活方式的改变以及“421”“422”的家庭结构，更是加快了中国社会化养老的脚步。那么，中国乡村养老产业发展的方向是什么？乡村养老产业发展的途径又有哪些？

一、乡村养老产业发展的方向——产业化

所谓“养老服务的产业化”，指的是养老服务工作从行政性经营到市场化经营、从事业化管理到企业化管理、从非经济实体到经济实体、从财政维持到自己负责盈亏的过程。乡村养老产业不仅要大力倡导立足风险、志愿服务以及无偿

服务，而且也要严格地遵从市场经济下的价值规律，探寻产业化的发展之路，为开展养老服务事业奠定良好的物质基础。然而，就现在的养老服务来看，不仅其产业化程度很低，而且其经营方式与管理方式也都严重缺乏市场成分。如今，中国社会正处在转型期，改革开放的持续深入与市场经济体制的逐渐完善，为推动老年养老服务的产业化进程提供了客观的环境与现实的依据。对于养老服务的发展而言，产业化是其发展的必然趋势。为了更好地推动养老服务的产业化发展，迅速地将其打造成社区发展的经济增长点，应当采取一些恰当的措施，从而促进其健康而积极的发展。

二、摒弃旧有不符合现实的观念

一直以来，在养老服务的性质问题上，始终有着非常大的争议。有的认为养老服务应该定位于第三产业，有的认为养老服务应该具备福利性，也有的学者对这两种观点都表示赞同。在养老服务事业的发展过程中，养老服务资金是确保其稳步而持续发展的物质基础，而中国的养老服务事业一直存在着老年人服务需求持续的扩张与资金严重短缺之间的矛盾。长期以来，不少服务中心严格地遵守“福利性是养老服务的本质属性”的理念，在实践过程中为老年人提供的多为无偿服务。随着人们生活水平与生活质量的提高，再加上人口老龄化程度的加剧，人们对于老人社区服务的需求不断增多、增高。但是，原有的养老服务带着极其浓厚的福利性色彩，不管是服务项目，还是服务规模，都是相当有限的，无法使老年人的所有需求得到满足。站在投资方的角度来看，目前，政府依旧是养老服务的巨大投资者，而社会与个人的投资是非常少的。可是，政府不可能无限地进行投资，随着养老服务项目的发展与拓宽，养老服务质量的提高，肯定会遭遇资金短缺的问题。所以，必须要运用市场机制，走产业化之路，中国的养老服务才能够将老年人服务需求持续的扩张与资金严重短缺之间的矛盾完美解决。

中国的养老服务在现阶段选择以赢利养福利之路既是非常必要的，又是确实可行的，我们要将旧的思想认识摒弃，不一味地依赖行政手段，对养老服务具备经济效益进行否认。唯有从思想认识上先将对社区服务发展制约的障碍扫除，才能够促使养老服务业获得长远的发展。

三、创建与完善产业组织体系

随着社会经济的不断发展，在市场经济中，产业组织的重要性一天比一天高。对于社区服务来说，产业组织就是载体，因此若想使养老服务的产业化得以实现，就一定要创建健全的产业组织体系。

但是，如今中国的养老服务管理，有着较为浓厚的行政色彩，产业化程度还不太高，产业组织支撑不足。正是由于产业组织的严重匮乏，才导致了中国养老服务事业没有办法大规模地进行发展。当然了，这其中也有一些其他的原因，但产业组织的匮乏却是主要原因。根据市场化方式，推行标准化建设、企业化管理以及社会化服务，慢慢地创建实体化与产业化的养老服务组织体系，大力发展各类、多功能的经营性实体，比如老年服务站以及养老服务中心等，不断壮大养老服务的发展规模，加快养老服务的产业化进程。

四、实现多渠道筹集乡村养老产业资金

养老产业资金是确保乡村养老服务稳步发展的重要物质基础，因为乡村养老产业的起步时间还比较短，加之中国经济还不是十分发达，中国乡村养老产业始终面临着老年人服务需求的不断增加与资金严重短缺之间的矛盾。在这种情况下，一定要积极主动地进行思考，想方设法地将

乡村养老产业资金短缺的难题解决。

现在，中国依旧处在社会主义初级阶段，还不具备很高的生产力水平，在短期内，政府没有办法将大量的资金投入到乡村养老产业中，而且农村老年人也没有很高的收入，他们大部分不可能拿出更多的钱去享受养老服务。所以，如果中国养老产业想要顺利地将资金短缺的问题解决，就一定要创建多层次、多途径以及多种经济成分同时存在的投资体制，并且这种投资体制是以社会筹集为主、政府资助为辅的。

创建国家、社会组织、集体以及个人的投资渠道，支付并鼓励各社会团队、企事业单位以及个人等社会各界提供资源发展乡村养老产业。培养与发展各类非政府组织，充分地将其在筹措养老产业资金上的功能发挥出来。要积极主动地对多种经济成分，尤其是个体经济、私营经济进入乡村养老产业进行引导与鼓励，从而更好地推动乡村养老产业的健康发展。

（一）政府的行政拨款

很明显，政府的行政拨款属于一个不容忽视的资金来源，政府应当在国民收入的再分配中适度地增加投入在乡村养老产业中的资金比例，为创建养老服务机构与设施等提供合理的资金支持。站在国际经验的角度来看，在乡村养老产业的资金来源中，政府的资金投入是至关重要的。比如澳大利亚，老年照顾服务的主要资金来源就是政府拨款，也就是由联邦政府与州政府一起拨发相应的款项，提供适当的养老服务资金，以便对老人照顾服务进行支付。因为中国老龄产业的发展环境还没有达到成熟，乡村养老产业化水平并不高，市场经济轨道中还不能顺利地运行乡村养老产业福利机构，在今后很长时间内还需要政府给予资金方面的支持。政府应当主要将基本服务保障提供给那些不具备支付能力的老人，并且投入资金创建一部分具有示范性作用的乡村养老机构。

（二）鼓励民间资本创办乡村养老产业机构

目前，我们应当秉持“社会福利社会办”的原则，多层次、多渠道地对老年服务进行发展，其中有一条十分重要的渠道，那就是民间资本投资创办乡村养老服务机构。乡村养老服务不应当仅仅是不容易吸引私人投资的纯福利型服务，而应当形成包括有偿服务与抵偿服务在内的档次不同的服务标准，不仅可以促使具有不同收入水平的老人的需求得以满足，而且也能够很好地吸引私人投资。

用户付费也属于非常重要的资金来源之一，其具体的收费标准应当以用户的实际支付能力作为依据来确定。在对乡村养老服务机构进行设立的时候，应当在设施标准、建筑以及管理服务内容上分成三个不一样的档次，即高、中、低的档次，以便适应收入水平不同的老人的需求。在国际上，有很多国家也采取了这种做法，比如澳大利亚为了确保老年照顾服务的资金来源始终充足，制定了日常住宿费、护理费的标准，它针对的对象主要是具备养老金的退休老人。用户付费可以很好地对养老经费的短缺进行弥补，根据相关统计显示，通过护理院住宿费能够筹措14亿澳元的资金，而住宿押金可以筹集到16亿澳元，非常有利于提升养老服务的水平。对于中国来说，已经逐渐地发展起由私人兴办的老年公寓，比如温州的康福山庄便是由个体私营建立的；福州第一家民办老龄公寓——江滨老龄公寓也已经开始运作。全国各个城市正在竭尽所能地对乡村养老产业新途径进行探索，对公办民营以及民办公助等方式创办社会福利机构进行探索，对民营企业、私人举办家庭养老院、托老所进行鼓励。

当然了，还应该给民间资本提供乡村养老服务的行为提供优惠政策，对他们的做法与爱心进行肯定与鼓励。比如对于他们投入资金建设养老服务机构与设施表示支持，允许他们自己经营或者出租，甚至是出售；应该适当减免开发养老服务机构与设施、建设工程当中的各项费用；对于用来出租或者出售的养老设施，应当酌情减免企业所得税、增值税等。为了对私人创办的养老机构进行支持与鼓励，应当在土地作价、电、水的收费上给予一定的优惠。针对社区养老机构的建设用地，采取有偿方式供地的，应该适当地在地价上给予一定的优惠；属于出让土地的，可以适当地降低土地出让金收取标准；在用水与用电方面，可以按照优惠的价格进行收费。

（三）积极主动地争取社会捐助

增强宣传的力度，通过积极地向社会进行呼吁，筹措捐款，鼓励企事业单位、社会团体以及个人捐资、捐物或者提供无偿服务给乡村养老服务机构。将慈善机构的作用充分地发挥出来。慈善组织，比如红十字会、慈善会以及志愿者协会等，可以从社会筹集到一部分资金来对乡村养老机构进行资助，在一定程度上对乡村养老资金的短缺进行弥补。比如中国香港现在最主要的拨款组织就是香港公益金，公益金经常通过举行活动的方式，积极地对全港人民支持福利服务进行鼓励，征集捐款，以便对社会中需要救助的人进行照顾。

除此之外，对于国内外那些援助乡村养老服务的企事业单位、社会团体、个人应给予一些优惠政策，比如适当地减免增值税、企业所得税以及个人所得税等。

从 2011 年开始，郑州市先后推动实施了“安老工程”“情暖夕阳”“乐龄计划”和“爱暖空巢”关爱社区空巢老人等十多个慈善助老项目，累计投入资金1000多万元，服务社会老人10万余人，惠及特殊困难老年人1万余人。其中，“乐龄计划”和“爱暖空巢”关爱空巢老人项目主要针对空巢、失智、失独及其他困难老人，开展项目有医疗、护理陪伴、保洁、助浴等居家上门服务。

（四）扩展服务内容，实现养老服务对象的大众化

将社会福利只局限在“三无”老人身上的传统做法不符合乡村养老产业发展的现实，应该采用有偿、抵偿以及无偿相结合的方式，为所有的老年人以及有需求的居民提供服务。说得更具体一点，那就是以老年人的家庭情况、实际收入作为依据，将各类层次不同的服务提供给需要帮助的老年人，比如将无偿的福利性服务提供给“三无”老年人，将低偿的非营利性的公益性服务提供给中低收入的老年人，将根据市场价格收费的商业性服务提供给高收入的老年人。

（五）适应服务对象的需要，实现养老服务方式的多样化

形成以居家养老服务作为基础，以机构养老服务作为骨干，以社区养老服务作为依托的结构有序、功能互补的一体化网络格局。与此相应，不管是养老机构的经营模式，

还是养老机构的服务内容都应该发生一定的变化，应该从纯粹的物质供养服务转化为物质供养和精神慰藉相互结合的供养模式，向供养、教育、康复以及娱乐等一体化经营模式与多样化服务内容转化。由于纯粹物质供养的经营模式与服务内容仅仅能够使老年人的基本生存需求得到满足，而对于他们的多样化需求是没有办法满足的，这就很难适应中国社会的发展与老年人消费水平提高对养老服务需求持续增多的趋势。因此，对发展对乡村养老服务产业提出了一个必然的要求，那便是服务方式必须要多样化。

（六）提高乡村养老服务队伍的专业化、社会化水平

现在，从整体上来看，中国乡村养老服务队伍的素质还不高，文化程度相对低，难以满足老年人不断增长起来的多元化社会养老需求。中国现有以民办托老所、公办养老机构以及以社区作为依托的居家式养老等各类形式的养老服务机构当中，仅仅有 20% 左右的服务人员具备大专以上的学历，仅仅有 8% 左右的服务人员具备专业的护理技能与医学知识，而 65% 以上的服务人员只具有高中及高中以下的学历。这样的人员结构，对养老服务项目与内容的扩展以及服务质量的提升产生了严重的制约作用。所以，不仅要注意提升现存养老服务队伍的素质，而且还要加快培养专业人才，采用多种形式有目的、有计划地对现

有人员进行相关培训，并且吸引大量的青年志愿者加入养老服务的公益事业中，造就出一支专兼职相互结合的养老服务队伍。

第四节　中国乡村养老开启新思路

在“三农”问题上，党中央与国务院向来给予高度的重视。2017年中央一号文件——《中共中央、国务院关于深入推进农业供给侧结构性改革加快培育农业农村发展新动能的若干意见》（以下简称《意见》）中，提出了一系列惠农惠民的政策，真真正正地提高了农民们的获得感。

而《意见》中也明确地提出了许多关于中国乡村养老服务领域的措施，真正地解决了中国乡村养老中所遭遇的不少问题，让广大乡村老人们不再为养老问题而忧愁。

一、保障来兜底，养老不再愁

在提升农村基本公共服务水平上，《意见》明确地指出："继续提高城乡居民基本医疗保险筹资水平，加快推进城乡居民医保制度整合，推进基本医保全国联网和异地就医结算。加强农村基层卫生人才培养。完善农村低保对象认定办法，科学合理确定农村低保标准。扎实推进农村低保制度与扶贫开发政策有效衔接，做好农村低保兜底工作。完善城乡居民养老保险筹资和保障机制。健全农村留守儿童和妇女、老人、残疾人关爱服务体系。"

按照财政部的权威数据显示，2016 年，城乡居民基本医疗保险财政补助标准提升到了每人每年 420 元，而 2017 年在此基础上增加 30 元，达到 450 元。

正是由于国家拿出大量的资金补贴给广大的农民，使得"养老不犯愁"不再是一句空泛的口号。农民每个月都可以得到一定数额的补贴资金，使得他们不再担心养老问题，日子越过越舒心了。

"养老不犯愁"，不再是一句口号，山东省滨州市 68 岁的农民曹大伯对此有着深刻的体会，现在，他时不时把自己的存折拿出来看一下，看着上面每个月新增的数字，曹大伯格外地高兴。"以前是养儿防老，现在不用养儿防老了。现在国家拿出这么多钱来补贴，多高兴的事儿啊，解决了我们的后顾之忧。"曹大伯兴奋地说，"感谢国家，感谢党，让农民的日子越过越好，让我们这些农村老人养老不犯愁。"

二、增大产业扶持，打造健康养老

随着中国经济的不断发展，城乡二元化结构已经变得十分明显，农村中的空巢老人逐渐成为整个社会关注的焦点问题，怎样让这些老年人拥有一个较好的养老环境，舒舒服服地享受晚年生活，是如今一个急切需要解决的问题。

关于现在农村空巢老人现象一天比一天严重的问题，《意见》也给出了解决的新思路：充分发挥乡村各类物质与非物质资源富集的独特优势，利用“旅游+”“生态+”等模式，推进农业、林业与旅游、教育、文化、康养等产业深度融合。丰富乡村旅游业态和产品，打造各类主题乡村旅游目的地和精品线路，发展富有乡村特色的民宿和养生养老基地。

专家表示：“当前休闲农业、乡村旅游、乡村养老等新产业新业态用地需求旺盛。”所以，《意见》提出，允许通过村庄整治、宅基地整理等节约的建设用地采取入股、联营等方式，重点支持乡村休闲旅游养老等产业和农村三产融合发展。

盱眙县“招、助、训、比”打造养老服务业特色品牌

盱眙是一座有着2200多年历史的文明城市，生态优美、人文荟萃、交通便利，具有发展养生养老事业产业的天然优势；同时，盱眙现有13.2万60周岁以上的户籍人口，占全县总人口的16.5%，且农村地区空巢老人现象明显，应对人口老龄化的任务更为紧迫。近年来，盱眙县委、县政府主动把社会事业发展放在党委政府工作的重要位置，促进养老事业和养老产业有机融合，通过“招”“助”“训”“比”四法，打造了盱眙养老服务业的品牌和特色，养老床位数连续两年位居淮安市第一，“以居家为基础、社区为依托、机构为补充、医养融合发展的养老服务体系”已初步建立。

“招”：创新举措、加大力度，把招引养生养老企业放在全县招商引资工作的重要位置，目前盱眙共有各类民办养老机构26家，正在兴建的民办养老服务机构6家。建立招商工作领导小组。盱眙县委、县政府成立专门的健康养老产业招商小组，由县委分管领导挂帅，民政部门牵头，其他部门配合，共同负责项目招引工作，既“请进来”，也“走出去”，先后联系50余批次客商

到盱眙考察投资，前后到南京、苏州、无锡、青岛、泉州、成都等地考察学习20余次，既招引了项目，也开阔了思路。

编制养老产业发展规划。依托盱眙山水兼备的自然优势，聘请专业部门编制反映盱眙特色的产业发展规划，规划深入分析了盱眙的生态优势、当前养老事业产业的发展现状，制定了科学的发展目标，摒弃传统的“零敲碎打”“各自为政”的发展模式，全县一盘棋，统一准入门槛，提升发展水平，推动盱眙养老事业发展上台阶、走在前。

做好帮办服务保障工作。始终把有效满足引资企业需求放在帮办工作的重要位置，主动协调相关部门解决企业发展中遇到的问题，竭力为各类养老服务机构提供“101%”的贴心服务，每周到引资企业看一次，每月会商解决问题一次，每季度集中总结帮办工作一次，仅2016年就为各投资企业解决问题20余次，先后为宝诺养老服务中心划拨土地6.7亩、弘远养老服务中心划拨土地7.38亩、洪山护养中心划拨土地10亩、皇家护理院项目划拨土地59.4亩。

“助”：先后出台《关于加快推进社会养老服务体系建设的意见》《盱眙县养老机构管理和服务基本标准》等文

件，全方位支持养老事业产业发展。

在财政扶持方面：从2015年起，对符合条件的以自建产权用房举办的养老机构，争取省财政每张护理型床位给予不低于1万元的一次性建设补助；对符合条件的以租赁用房举办且租期5年以上的养老机构，每张护理型床位给予不低于5000元的一次性改造补助。县财政每年投入不低于100万元作为奖补资金，用于社会养老机构的运营和护理补助以及养老护理员护理津贴等。

年均投入财政资金约2800余万元，按照“三有三能六达标”要求，对全县敬老院硬件设施提档升级，在全省率先解决敬老院人员配备、工资和办公经费等问题，20个乡镇敬老院全部达到省星级标准。

在土地供应方面：将各类养老服务设施建设用地纳入城镇土地利用总体规划和年度用地计划，合理安排用地需求。在制定城市总体规划、控制性详细规划时，按照人均用地不少于0.5米^{2}的标准，分区分级规划设置养老服务设施。社会力量举办的非营利性养老机构与政府举办的养老机构享有相同的土地使用政策，可以依法使用国有划拨土地或者农民集体所有的土地。

对营利性养老服务机构建设用地，按照国家对经营性用地的规定，依法办理有关用地手续，优先保障供应。对社会力量提供的床位数在200张、500张和1000张以上的养老服务企业，分别列入县、市和省级养老服务业重点项目，优先给予用地保障。鼓励利用闲置的厂房、仓储用房、学校、办公楼等存量房产和土地兴办养老服务机构，支持农村使用村级建设留用地兴办养老服务机构。严禁养老设施建设用地改变用途、容积率等土地使用条件搞房地产开发。

在税费优惠方面：落实国家现行支持养老服务业的税收优惠政策，对养老机构提供的养老服务免征营业税。非营利性养老机构自用房产、土地免征房产税、城镇土地使用税。非营利性养老机构符合免税条件的收入免征企业所得税。

对企业事业单位、社会团体和个人通过非营利性社会团体及政府部门向非营利性养老机构的捐赠，符合相关规定的，准予在计算其应纳税所得额时按税法规定比例扣除。对非营利性养老机构建设免征有关行政事业性收费，对营利性养老机构建设减半征收有关行政事业性收费，对养老机构提供养老服务适当减免行政事业性收费，养老机构用水、用电、用气按居民生活类价格执行。养老机构安装电话、有线（数字）电视、宽带互联网免收一次性接入费，有线（数字）电视基本收视维护费按当地居民用户终端收费标准减半收取。

“训”：依托盱眙技师学院师资力量，举办淮安市首届县级层面养老护理员培训，走出了养老护理员培养的新路子。精选培训内容。分理论教学、实践操作和参观见学三个部分，理论教学充分考虑盱眙养老护理员现有知识结构和接受能力，由浅及深、循序渐进，力求通俗易懂；实践操作注重新老结合，相互学习、相互提高，力求有所收获；参观见学安排在管理规范、设施齐全的养老机构，发现优点、找准差距，力求共同提高。扩大培训范围。培训对象拓展到全县有志从事养老事业的爱心人士、失能半失能老年人家庭成员和关爱驿站等养老服务设施管理人员，全县共 147 人参加培训，95 人获得高级职称，52 人获得初级职称，合格率 100%。

“比”：“是骡子是马，拉出来遛遛”，盱眙通过开展一系列评星定级、评比竞赛活动，提升了养老机构管理水平，提高了养老护理员服务能力。开展民办养老机构评星定级活动。出台《盱眙县民办养老机构评估实施办法》，细化评估内容，科学确定等级，聘请第三方对全县养老机构评星定级，评估结果与资金奖补挂钩，共评出 AAAA 级的 2 家，AAA 家的 2 家，AA 家的 10 家，无等级的 3 家，下一步还将把县内所有养老机构全部纳入评估体系，力争通过公正客观的评估，对现有养老机构淘汰一批、整合一批、提高一批。

引入敬老院绩效考核机制。采取季度考核与年终考核相结合，从敬老院制度建设、环境卫生、房间卫生、伙食安排、老人的医、食、住、行等方面进行全面考核，对照得分格次，累计全年得分，确定各敬老院最终考核成绩，并兑现奖惩。有效强化了敬老院工作人员的责任心，提高了敬老院管理正规化、制度化水平。

举办最美院长、最美护理员评比竞赛活动。盱眙开展首届“福彩杯”最美院长、最美护理员评比竞赛活动，把全县所有营利性或非营利性养老机构、综合性养老服务中心、敬老院、城市社区老年人日间照料中心、农村幸福院、居家养老服务中心等单位的院长和护理员全部纳入评比竞赛活动，做到人员、机构全覆盖，共评选出了10名“最美院长”和20名“最美护理员”，在养老护理行业营造了良好的“比、学、赶、帮、超”的浓郁氛围，激励了养老从业者的工作热情，形成了全社会尊老、敬老、爱老的新风尚。

参考文献

［1］赵秋成．中国农村养老服务体系建设研究［M］．北京：清华大学出版社，2016.

［2］张国平．农村老年人居家养老服务体系研究［M］．北京：中国社会科学出版社，2015.

［3］张岩松．社会养老服务体系建设研究［M］．大连：东北财经大学出版社，2016.

［4］冯佺光，钟远平，冯欣伟．养老产业开发与运营管理［M］．山东：人民出版社，2013.

［5］80后养老事业联盟.80后的养老事业：养老产业商业模式与跨界创新［M］．北京：中国经济出版社，2017.

［6］郭源生．智慧医疗在养老产业中的创新应用［M］．北京：电子工业出版社，2016.

［7］魏华林，金坚强．养老大趋势：中国养老产业发

展的未来［M］. 北京：中信出版社，2014.

［8］袁昕，袁牧，王建文，等. 健康中国，幸福养老：养老产业发展研究报告［M］. 北京：社会科学文献出版社，2017.